प्रतिनिधि कविताएँ

इब्ने इंशा

संपादक

अब्दुल बिस्मिल्लाह

राजकमल पेपरबैक्स

राजकमल पेपरबैक्स में
पहला संस्करण : 1990
नौवाँ संस्करण : 2024

राजकमल पेपरबैक्स : उत्कृष्ट साहित्य के जनसुलभ संस्करण

राजकमल प्रकाशन प्रा.लि.
1-बी, नेताजी सुभाष मार्ग, दरियागंज
नई दिल्ली-110 002
द्वारा प्रकाशित

शाखाएँ : अशोक राजपथ, साइंस कॉलेज के सामने, पटना-800 006
पहली मंजिल, दरबारी बिल्डिंग, महात्मा गांधी मार्ग, प्रयागराज-211 001
1, अनमोल सोराबजी संतुक लेन, धोबी तालाव, मरीन लाइंस, मुम्बई-400 002

वेबसाइट : www.rajkamalprakashan.com
ई-मेल : info@rajkamalprakashan.com

बी.के. ऑफसेट
नवीन शाहदरा, दिल्ली-110 032
द्वारा मुद्रित

मूल्य : ₹ 199

PRATINIDHI KAVITAYEN
Representative Stories of Ibne Insha
Edited by Abdul Bismillah

ISBN : 978-81-267-0263-3

इब्ने इंशा

जन्म : सन् 1927 का कोई महीना।

जन्म-स्थान : लुधियाना (पंजाब)। प्रारम्भिक शिक्षा लुधियाना में ही। बाद में पाकिस्तान बनने के बाद 'पाकिस्तानी' बनना पड़ा। 1949 में कराची आ बसे। वहीं उर्दू कॉलेज से बी.ए. किया।

माँ-बाप का दिया नाम शेर मोहम्मद ख़ाँ, लेकिन कमसिनी में ही स्वयं को इब्ने इंशा कहना और लिखना शुरू कर दिया और अन्ततः यही नाम असली हुआ।

उर्दू के प्रख्यात कवि और व्यंग्यकार। लहजे में मीर की खस्तगी और नज़ीर की फ़कीरी। आजीवन दुनिया-भर में घूमते रहे। समाज के सुख-दुःख से गहरा रिश्ता रखते हुए मनुष्य की स्वाधीनता और स्वाभिमान के प्रबल पक्षधर रचनाकार। हिन्दी भाषा के अच्छे जानकार थे। उर्दू-रचनाओं में हिंदी के ख़ूबसूरत प्रयोगों की भरमार है। हिन्दी-ज्ञान के बल पर ही शुरू में ऑल इंडिया रेडियो पर काम किया। बाद में क़ौमी किताबघर के निदेशक, इंग्लैंड स्थित पाकिस्तानी दूतावास में सांस्कृतिक मंत्री और फिर पाकिस्तान में यूनेस्को के प्रतिनिधि रहे।

11 जनवरी, 1978 को लंदन में कैंसर से मृत्यु।

प्रमुख पुस्तकें : *उर्दू की आख़िरी किताब* (व्यंग्य-संग्रह); *चाँदनगर, इस बस्ती के इस कूचे में* (कविता-संग्रह); *बिल्लू का बस्ता, यह बच्चा किसका बच्चा है* (बाल कविताएँ)।

भूमिका

जीवन-दर्शन और जीवन-सौंदर्य के सामंजस्य से जो कविता फूटती है, वही असली कविता होती है। मगर दर्शन और सौंदर्य के अलावा कविता में जब रस और गंध भी हो तो वह किसी भी परिभाषा से परे हो जाती है। वह सिर्फ़ कविता होती है। ऐसी कविता, जो तन में फुरफुरी और मन में द्वंद्व मचा देती है। हिंदी में 'कबीर' और 'निराला' तथा उर्दू में 'मीर' और 'नज़ीर' इसी तरह के कवि हैं। आगे चलकर हिंदी में 'नागार्जुन' और उर्दू में 'इब्ने इंशा' ने 'कबीर' और 'मीर' की परंपरा को ठीक उसी अंदाज़ में विकसित किया है। शायद इसीलिए इब्ने इंशा बार-बार 'मीर' को याद करते हैं। यूँ तो याद वे 'नज़ीर' और 'फ़ैज़' को भी करते हैं, पर यह दुआ सिर्फ़ 'मीर' के लिए माँगते हैं और वह भी पूरी वजह बताते हुए–

अल्लाह करे 'मीर' का जन्नत में मकाँ हो,
मरहूम ने हर बात हमारी ही बयाँ की।

'मीर', 'नजीर' और 'कबीर' की परंपरा का यह कवि उर्दू का निराला कवि है। इब्ने इंशा ने उर्दू शाइरी के प्रचलित विन्यास को हाशिए में डाल दिया है और अपनी शाइरी में नया सौंदर्य-बोध उत्पन्न किया है। यही कारण है कि इब्ने इंशा की कविताओं में मिट्टी की वह खुशबू बसी हुई है जो आषाढ़ की पहली बारिश के बाद उठती है। सोंधी और जीवन को हरियाली से भर देनेवाली खुशबू।

इब्ने इंशा की कविताओं में भाँत-भाँत के रूप हैं और भाँत-भाँत के रंग। भाँत-भाँत के रस और भाँत-भाँत की गंध। इंशा जी उर्दू कविता के पूरे जोगी हैं। वे कहते भी हैं–

हम जंगल के जोगी हमको एक जगह आराम कहाँ···

और जोगी का काम क्या है? भिक्षाटन! पर इंशा जी का 'जोग' तो शाइरी का 'जोग' है; इसलिए भिक्षा भी भिन्न है। रूप की भिक्षा! संसार में जो कुछ भी सुंदर है, अपने दामन में उसे वे समेट लेना चाहते हैं, बल्कि साक्षात् दामन बनकर–

रूप-सरूप की भिक्षा दे दो, हम इक फैला दामन हैं···

इब्ने इंशा को रूप-सरूप, जोग-बिजोग, परदेसी, बिरहन और माया आदि का काव्यबोध कैसे हुआ; कहना कठिन है। किंतु यह बात असंदिग्ध है कि उर्दू शाइरी की केंद्रीय अभिरुचि से यह काव्यबोध विलग है। यह उनका निजी तख़य्युल है और इसीलिए उनकी शाइरी जुते हुए खेत की मानिंद दीख पड़ती है।

इंशा जी मूलतः बिंबों के कवि हैं और 'चाँद' उनका प्रिय प्रतीक है। पर कहीं-कहीं उसके बिंबमय चित्र भी हैं। इस दृष्टि से 'कातिक का चाँद' और 'सराय' उनकी अद्भुत कविताएँ हैं। किंतु उनकी शाइरी का जो बहुत महत्त्वपूर्ण पहलू है, वह है सूक्ष्म प्रतिरोध। सूक्ष्म इसलिए कि इंशा जी बड़े अंदाज़ से खामोशी में ज़बान पैदा करते हैं। उनके इस फ़न का अनुमान इन पंक्तियों से लगाया जा सकता है–

गर्म आँसू और ठंडी आहें, मन में क्या-क्या मौसम हैं
इस बगिया के भेद न खोलो, सैर करो ख़ामोश रहो
आँखें मूँद किनारे बैठो, मन के रक्खो बंद किवाड़
इंशा जी लो धागा लो और लब सी लो खामोश रहो

कभी फ़ैज़ अहमद फ़ैज़ ने लिखा था–

निसार मैं तिरी गलियों पे ए वतन केः जहाँ
चली है रस्म केः कोई न सर उठा के चले।

यानी इस बिंदु पर 'फ़ैज़' और 'इंशा' दोनों का तंज़ एक जैसा है, फ़र्क बस इतना है कि फ़ैज़ के अंदाज़ में मुखरता है और इंशा के अंदाज़ में लालित्य। इंशा की खूबी यह है कि बड़ी से बड़ी बात को भी वे निहायत भोलेपन के साथ कहते हैं। यह भोलापन ही उनकी कविता का लालित्य है। इंशा जी की एक प्रसिद्ध कविता है, 'यह बच्चा किसका बच्चा है', जिसमें एक ऐसे बच्चे को उन्होंने अपना काव्य-नायक बनाया है 'जिसके सर पर न तो टोपी है और न जिसके पास कोई खिलौना है।' पर पूरी कविता अंत तक पहुँचते-पहुँचते सिर्फ़ एक बच्चे की कविता-भर नहीं रह जाती। वह एक ठोस जीवन-दर्शन अपने भावक को देती है। इंशा जी अपने स्वाभाविक भोलेपन के साथ घोषित करते हैं कि–

इस जग में सबकुछ रब का है
जो रब का है, वो सबका है

दरअसल भाषा की रूपगत संकीर्णता से ऊपर उठकर शाइरी करनेवालों का एक वर्ग पाकिस्तान के उर्दू साहित्य में अपना अलग स्थान रखता है, जिसमें नासिर काज़िमी, अहमद फ़राज़, उमील-उद्दीन आली, परवीन शाकिर आदि के नाम उल्लेखनीय हैं। यह वर्ग इब्ने इंशा का वर्ग है, जिन्होंने शाइरी की सारी चौहद्दियाँ तोड़ दी हैं और अपनी एक भरी-पूरी विशाल दुनिया बसाई है, जो उनकी भी है और हमारी भी।

इब्ने इंशा की शाइरी के बारे में जो कुछ भी यहाँ कहा गया, वह कल्पित भी हो सकता है और अधूरा भी, पर वह असत्य नहीं है; जैसा कि इंशा जी अपनी शाइरी में छिपे हुए दर्द के बारे में कहते हैं–

फ़र्ज़ करो ये जी की बिपता जी से जोड़ सुनाई हो
फ़र्ज़ करो अभी और हो इतनी, आधी हमने छुपाई हो!

–अब्दुल बिस्मिल्लाह

क्रम

ग़ज़लें

1. और तो कोई बस न चलेगा 11
2. पीत के रोगी 12
3. ज़मीं पे सब्ज़ा लहक रहा है 12
4. यूँ तो है 13
5. हम जंगल के जोगी 14
6. पीत करना तो 15
7. कभी उनके मिलन 15
8. कल चौदहवीं की रात थी 17
9. राज़ कहाँ तक राज़ रहेगा 18
10. रात के ख़्वाब 19
11. इंशा जी उठो अब 20
12. जलवानुमाई 21
13. जब दहर के ग़म से 22
14. ऐ दिलवालो 22
15. इसको नाम जुनूँ का 23
16. गोरी अब तू आप समझ ले 24
17. देख हमारे माथे पर 25
18. दिले-इश्क़ में 26
19. दिल हिज्र के दर्द से 27
20. किसको पार उतारा तुमने 28
21. कुछ कहने का 29
22. वो न जो क़ैदे-विसाल में 30
23. सुनते हैं फिर 30
24. अपने हमराह जो 31
25. इस शाम को 32
26. जाने तू क्या 33
27. ऐ मतवाली 33
28. देख हमारी दीद के कारन 34
29. सबको दिल के 35
30. शामे-ग़म 36
31. ख़ूब हमारा 37
32. दिल किसके तसव्वुर में 38
33. हम रात बहुत रोए 38
34. उनका दावा 40
35. सावन-भादो 41
36. हम उनसे अगर 41

नज़्में

1. चाँद के तमन्नाई 45
2. ये सराय है 47
3. कातिक का चाँद 49
4. ऐ मतवालो नाक़ोंवालो 51
5. ऐ मेरे सोच नगर की रानी 52
6. लोग पूछेंगे 54
7. साये से 54
8. इंतज़ार की रात 55
9. इंशा ने फिर इश्क़ किया 56
10. वापसी 58

11. पिछले पहर के सन्नाटे में 59
12. ख़िज़ाँ की एक शाम 62
13. चल सो चल 63
14. सराय 64
15. उदास रात के आँगन में 66
16. लब पर नाम किसी का भी हो 69
17. कल हमने सपना देखा है 69
18. इक बार कहो तुम मेरी हो 71
19. उसी चाँद की खोज में 72
20. दिल इक कुटिया दश्त किनारे 75
21. फ़र्ज़ करो 77
22. उस आँगन का चाँद 78
23. दरवाज़ा खुला रखना 80
24. इंशा जी है नाम इन्हीं का 81
25. बस्ती में दीवाने आए 82
26. इस बस्ती के इक कूचे में 84
27. फिर वही दश्त··· 86
28. इक पत्ता इक जोगी 88
29. आती है पवन, जाती है पवन 89
30. या तो ये शख़्स 90
31. ऐ सूरज की दोशीज़ा किरन 91
32. क्या धोखा देने आओगी 93
33. ये कौन आया 94
34. ये बातें झूठी बातें हैं 95
35. सुख चाहो तो 96
36. एक लड़का 97
37. दिल आशोब 97
38. माज़ी के ख़राबे की··· 98
39. घूम रहा है पीत का प्यासा 100
40. साँझ भई चौदेस 101
41. सब माया है 104
42. दिल पीत की आग में 106
43. मत जाओ मत जाओ 108
44. रेख़्ता 110
45. कबित 111

तवील नज़्में (लंबी कविताएँ)

1. यह बच्चा किसका बच्चा है 115
2. इंशा जी बहुत दिन बीत चुके 119
3. अमन का आख़िरी दिन 125
4. उफ़ताद 131

ग़ज़लें

[1]

और तो कोई बस न चलेगा हिज्र[1] के दर्द के मारों का
सुबह का होना दूभर कर दें रस्ता रोक सितारों का

झूठे सिक्कों में भी उठा देते हैं ये अक्सर सच्चा माल
शक्लें देख के सौदे करना काम है इन बंजारों का

अपनी ज़बाँ से कुछ न कहेंगे चुप ही रहेंगे आशिक़ लोग
तुमसे तो इतना हो सकता है पूछो हाल बेचारों का

जिस जिप्सी का ज़िक्र है तुमसे दिल को उसी की खोज रही
यूँ तो हमारे शहर में अक्सर मेला लगा निगारों[2] का

एक ज़रा-सी बात थी जिसका चर्चा पहुँचा गली-गली
हम गुमनामों ने फिर भी एहसान न माना यारों का

दर्द का कहना चीख़ ही उट्ठो, दिल का कहना वज़ा[3] निभाओ
सबकुछ सहना चुप-चुप रहना काम है इज़्ज़तदारों का

इंशा जी अब अजनबियों में चैन से बाक़ी उमर कटे
जिनकी ख़ातिर बस्ती छोड़ी नाम न लो उन प्यारों का

---

1. वियोग, 2. प्रियाओं, 3. प्रतिष्ठा, रख-रखाव

[2]

पीत के रोगी सबकुछ बूझे सबकुछ जाने होते हैं
इन लोगों के ईंट न मारो कहाँ दिवाने होते हैं

आहें इनकी उमड़ते बादल आँसू इनके अब्रे-मतीर
दश्त में इनको बाग़ लगाने शहर बसाने होते हैं

हम न कहेंगे आप हैं पीत के दुश्मन मन के कठोर मगर*
आ मि्लने के ना मिलने के लाख बहाने होते हैं

अपने से पहले दश्त में रहते कोह से नहरें लाते थे
हमने भी इश्क़ किया है लोगो सब अफ़साने होते हैं

इंशा जी छब्बीस बरस के होके ये बातें करते हो
इंशा जी इस उम्र के लोग तो बड़े सयाने होते हैं

[3]

ज़मीं पे सब्ज़ा लहक रहा है फ़लक पे बादल धुआँ-धुआँ है
मगर जो दिल के मिज़ाज पूछो हमारे दिल का अजब समाँ है

दरूने[1]-सीना ग़मे जुदाई का दाग़ है और कहाँ-कहाँ है
अगर यही बख़्ते-आशिक़ाँ[2] है फ़ुग़ाँ[3] है ऐ दोस्तो फ़ुग़ाँ है

---

* 'हम न कहेंगे पीत के दुश्मन आप हैं मन के कठोर मगर' (अगर यह पंक्ति इस तरह हो, तो संगत रहेगी ।–सं.)

1. दरून = हृदय/दरूना = भीतरी मुँहवाला फोड़ा, 2. आशिक़ों की क़िस्मत, 3. चीख़, फ़रियाद

ख़राब[1] दिल की ख़राब बातें उदास दिन बेक़रार रातें
जो दर्द है दर्दे-जाँसिताँ[2] है सोज़[3] है सोज़े-रायगाँ[4] है

मैं तेरी मानिंद वुस्अते दह्र[5] में अकेला-सा फिर रहा हूँ
फ़ज़ाए-सहरा के अब्र पारे कहाँ पे मंज़िल का भी निशाँ है

न क़ाफ़िला चाँद का हुवैदा[6] न मंज़िले-नूरे-सुब्ह पैदा
वही गुज़रगाहे कहकशाँ है वही ग़ुबारे सितारगाँ है

न ऐसे आने की आरज़ू थी न ऐसे जाना हमारी ख़ू[7] थी
हमारे दिल की भी आबरू थी मगर वह पहला-सा दिल कहाँ है

तुम इस पे हैराँ हो ख़ुश ख़यालो पुराने वक़्तों के नज्द[8] वालो
वगरना हमको भी कुछ गुमाँ है वगरना अपनी भी दास्ताँ है

न उनके चेहरे की धूप देखी न उनके आँचल की छाँव पाई
रुतों से महरूम जा रहे हैं अजब नसीबे बिलाकशाँ[9] है

तुम अपने इंशा की राहो-मंज़िल को जानते हो फिर उससे मतलब
वो तन्हा-तन्हा रवाँ-रवाँ है कि हम जूहे-अहले-कारवाँ है

[4]

यूँ तो है वहशते-जुज़्वे-तबीयत[10] रब्त नहीं कम लोगों से
अब तो बरस दिन बाद भी इंशा मिलते नहीं हम लोगों से

---

1. वीरान, 2. प्राणों की चौखट, 3. जलन, 4. राह में पड़ी हुई, 5. विस्तृत दुनिया, 6. प्रकट हुआ, 7. आदत, 8. मजनूँ का नगर, 9. बिना खिंचे हुए, 10. तबीयत की बेक़रारी और घबराहट

क्यों तुझे ज़िद है वज़ा निभाएँ, चाँद न देखें ईद करें
छुप न सकेगा ऐ दिल-बिरियाँ[1] दीदए-पुरनम लोगों से

क्या हुआ ख़िश्त[2] उठा दे भारी या सरे दामन नोच लिया
तुम तो दिवाने इसके बहाने हो चले बरहम[3] लोगों से

इश्क़ करें तो जुनूँ की तोहमत दूर रहें तो तू नाराज़
अब ये बता हम तुझसे निभाएँ या दिले-महरम[4] लोगों से

[5]

हम जंगल के जोगी हमको एक जगह आराम कहाँ
आज यहाँ कल और नगर में सुब्ह कहाँ और शाम कहाँ

हमसे भी पीत की बात करो कुछ, हमसे भी लोगो प्यार करो
तुम तो पशेमाँ[5] हो भी सकोगे हमको यहाँ पे दवाम[6] कहाँ

साँझ समय कुछ तारे निकले पल-भर चमके डूब गए
अंबर-अंबर ढूँढ रहा है अब उन्हें माहे-तमाम कहाँ

दिल पे जो बीते सह लेते हैं अपनी ज़बाँ में कह लेते हैं
इंशा जी हम लोग कहाँ और 'मीर' का रंगे-कलाम कहाँ

1. दग्ध हृदय, 2. ईंट, 3. नाराज़, 4. राज़दारी, 5. लज्जित, 6. स्थायित्व

[6]

पीत करना तो हमसे निभाना सजन, हमने पहले ही दिन था कहा ना सजन
तुम ही मजबूर हो, हम ही मुख़्तार हैं, ख़ैर माना सजन ये भी माना सजन

अब जो होने के क़िस्से सभी हो चुके, तुम हमें खो चुके हम तुम्हें खो चुके
आगे दिल की न बातों में आना सजन, कि ये दिल है सदा का दिवाना सजन

ये भी सच है न कुछ बात जी की नई, सूनी रातों में देखा किए चाँदनी
पर ये सौदा है हमको पुराना सजन, और जीने का अपने बहाना सजन

शह्र के लोग अच्छे हैं हमदर्द हैं, पर हमारी सुनो हम जहाँ-गर्द हैं
दाग़े-दिल न किसी को दिखाना सजन, यह ज़माना नहीं वो ज़माना सजन

इसको मुद्दत हुई सब्र करते हुए, आज कूए-वफ़ा से गुज़रते हुए
पूछकर इस गदा का ठिकाना सजन, अपने इंशा को भी देख आना सजन

[7]

कभी उनके मिलन की आशा ने, इक जोत जगा दी थी मन में
अब मन का उजाला सँवलाया, फिर शाम है मन के आँगन में

जी घुलता है आँसू ढलते हैं, हर नीर में दीप-से जलते हैं
इस बरखा से जी की आग बुझे, ये तो और भी भड़के सावन में

चलो इंशा के पास चलें बैठें, सुनें गीत मनोहर प्रेम भरे
जिन्हें सुन लें तो मन को मसोस मरें सभी गोपियाँ गोकुल के बन में

यह छैल-छबीला कौन फिरे, इस मथुरा की नगरी में सखियो!
सभी बातें कि अपने श्याम में थीं, अब देख लो इस मनमोहन में

सभी बोल मधुर सभी नैन सजल, किन गलियों में तुम हमें ले आए
इस मन को न लोगो भटकाओ, यह मन है किसी के बंधन में

हर शक्ल का रूप नहीं होता, हर रूप को नाम नहीं देते
कुछ शक्लें हैं अपनी आँखों में, कुछ रूप हैं मन के दरपन में

कुछ मन के अजंता में आओ, वह मूरतें तुमको दिखलाएँ
वह सूरतें तुमको दिखलाएँ, हम खो गए जिनके दर्शन में

हर एक पे नज़रें उठनी थीं, हर एक पे जी को मचलना था
इस शहर में रूप का काल[1] नहीं, कुछ और है अपने साजन में

या बन में चिकारे मिलते हैं, या पीत के मारे मिलते हैं
कुछ पूरब में, कुछ पच्छिम में, कुछ उत्तर में कुछ दक्खिन में

शहरों में फिरे संन्यास लिए, जनता को जगत भगवान कहे
इंशा-सा कोई रमता देखा? कहने को हैं जोगी हर बन में

किस वास्ते ठेठ बने रहिए, ज़रा रंग बदल के ग़ज़ल कहिए
ये जो उर्दू ज़बान हमारी है, सौ रंग हैं इसके दामन में

उस हुस्न के नाम पे याद आए सब मंज़र 'फ़ैज़' की नज़्मों के
वही रंगे-हिना वही बंदे-क़बा वही फूल खुले पैराहन के

कुछ वो जिन्हें हमसे निस्बत थी इन कूचों में आन आबाद हुए
कुछ अर्श पे तारे कहलाए कुछ फूल बने जा गुलशन में

---

1. अकाल

हम लोगों के आने से पहले भी तुम लोग इधर से गुज़रते थे
कभी फूल भी देखे गुफों[1] में कभी क़ौसे-क़ुज़ह[2] किसी चिलमन में

यूँ करने को इश्क़ पे क़ैद नहीं, सब करते हैं अच्छा करते हैं
पर हम-से बहुत भी नहीं गुज़रे कुछ लोग थे मिस्रो-मदायन[3] में

हम उनसे जो मिलकर दूर हुए, कुछ ख़ुश हुए कुछ रंजूर हुए
अब दिल का ठिकाना मुश्किल है, हाँ जान रहेगी ईमन[4] में

तुम लोगों ने चाँद बुझा डाला, शबे-माह[5] का लुत्फ़ गँवा डाला
अब लाख चिराग़ जलाते फिरो, हर रास्ते पर हर रौज़न[6] में

कभी 'मीर' फ़क़ीर की बैतों[7] से, कभी ग़ज़लों से इंशा साहब की
इन बिरह की बेकल रातों में, हम जोत जगाते हैं मन में

[8]

कल चौदहवीं की रात थी, शब-भर रहा चर्चा तेरा
कुछ ने कहा ये चाँद है, कुछ ने कहा चेहरा तेरा

हम भी वहीं मौजूद थे, हमसे भी सब पूछा किए
हम हँस दिए, हम चुप रहे, मंज़ूर था पर्दा तेरा

इस शहर में किससे मिलें, हमसे तो छूटीं महफ़िलें
हर शख़्स तेरा नाम ले, हर शख़्स दीवाना तेरा

---

1. खिड़कियाँ, 2. इंद्रधनुष, 3. मदायन = बग़दाद के पास का एक शहर, 4. निर्भयता, 5. चाँदनी रात, 6. झिरी, 7. शे'र

कूचे को तेरे छोड़कर जोगी ही बन जाएँ मगर
जंगल तेरे, परबत तेरे, बस्ती तेरी, सहरा तेरा

हम और रस्मे-बंदगी आशुफ़्तगी[1]? उफ़तादगी[2]?
एहसान है क्या-क्या तेरा, ऐ हुस्ने-बेपरवा[3] तेरा

दो अश्क जाने किसलिए, पलकों पे आकर टिक गए
अल्ताफ़[4] की बारिश तेरी, इकराम[5] का दरिया तेरा

ऐ बेदरीग़ो[6]-बेअमाँ, हमने कभी की है फ़ुग़ाँ[7]?
हमको तेरी वहशत सही, हमको सही सौदा तेरा

हम पर ये सख़्ती की नज़र? हम हैं फ़क़ीरे रहगुज़र
रस्ता कभी रोका तेरा? दामन कभी थामा तेरा?

हाँ-हाँ तेरी सूरत हसीं, लेकिन तो ऐसा भी नहीं
इस शख़्स के अशआर से, शोहरा[8] हुआ क्या-क्या तेरा

बेदर्द सुननी हो तो चल, कहता है क्या अच्छी ग़ज़ल
आशिक़ तेरा, रुस्वा तेरा, शाइर तेरा, इंशा तेरा

[9]

राज़ कहाँ तक राज़ रहेगा, मंज़रे-आम पे आएगा
जी का दाग़ उजागर होकर, सूरज को शरमाएगा

---

1. परेशानहाली, 2. बदहाली, 3. अपने सौंदर्य के प्रति लापरवाह, 4. कृपा, 5. बड़प्पन, 6. जिसे अफ़सोस न हो, 7. फ़रियाद, 8. चर्चा, ख्याति

शहरों को वीरान करेगा अपनी आँच की तेज़ी से
वीरानों में मस्त अलबेला वहशी फूल खिलाएगा

हाँ, यही शख़्स गुदाज़ और नाज़ुक होंठों पर मुस्कान लिए
ऐ दिल अपने हाथ लगाते पत्थर का बन जाएगा

दीदओ-दिल ने दर्द की अपने बात भी की तो किससे की
वह तो दर्द का बानी ठहरा, वह क्या दर्द बँटाएगा

तेरा नूर ज़हूर सलामत, इक दिन तुझ पर माहे-तमाम
चाँदनगर का रहनेवाला चाँदनगर लिख जाएगा

[10]

रात के ख़्वाब सुनाएँ किसको, रात के ख़्वाब सुहाने थे
धुँधले-धुँधले चेहरे थे, पर सब जाने-पहचाने थे

ज़िद्दी, वहशी, अल्हड़, चंचल, मीठे लोग रसीले लोग
होठ उनके ग़ज़लों के मिसरे, आँखों में अफ़साने थे

वहशत का उन्वान हमारी, उनमें से जो नार बनी
देखेंगे तो लोग कहेंगे, इंशा जी दीवाने थे

यह लड़की तो उन गलियों में रोज़ ही घूमा करती थी
इससे इनको मिलना था तो इसके लाख बहाने थे

हमको सारी रात जगाया, जलते-बुझते तारों ने
हम क्यों उनके दर पे उतरे, कितने और ठिकाने थे

---

1. शीर्षक

[11]

इंशा जी उठो अब कूच करो, इस शहर में जी को लगाना क्या
वहशी को सुकूँ से क्या मतलब, जोगी का नगर में ठिकाना क्या

इस दिल के दरीदा[1] दामन को, देखो तो सही, सोचो तो सही
जिस झोली में सौ छेद हुए, उस झोली का फैलाना क्या

शब बीती, चाँद भी डूब चला, ज़ंजीर पड़ी दरवाज़े में
क्यों देर गए घर आए हो, सजनी से करोगे बहाना क्या

फिर हिज्र[2] की लंबी रात मियाँ, संजोग की तो यही एक घड़ी
जो दिल में है लब पर आने दो, शरमाना क्या, घबराना क्या

उस रोज़ जो उनको देखा है, अब ख़्वाब का आलम लगता है
उस रोज़ जो उनसे बात हुई, वह बात भी थी अफ़साना क्या

उस हुस्न के सच्चे मोती को, हम देख सकें पर छू न सकें
जिसे देख सकें पर छू न सकें, वो दौलत क्या वो ख़ज़ाना क्या

उसको भी जला दुखते हुए मन! इक शोला लाल भभूका बन
यूँ आँसू बन बह जाना क्या, यूँ माटी में मिल जाना क्या

जब शहर के लोग न रस्ता दें, क्यों बन में न जा बिसराम करें
दीवानों की-सी न बात करे तो और करे दीवाना क्या?

1. बेहया, 2. वियोग

[12]

जलवा नुमाई, बे परवाई, हाँ यही रीत जहाँ की है
कब कोई लड़की मन का दरीचा खोल के बाहर झाँकी है

आज मगर इक नार को देखा, जाने ये नार कहाँ की है
मिस्र की मूरत? चीन की गुड़िया? देवी हिंदुस्ताँ की है?

मुख पर रूप से धूप का आलम, बाल अँधेरी शब की मिसाल
आँख नशीली, बात रसीली, चाल बला की बाँकी है

इंशा जी उसे रोक के पूछें, "तुमको तो मुफ्त मिला है हुस्न–
किसलिए फिर बाज़ारे-वफ़ा में, तुमने ये जिस गिराँ[1] की है?"

एक ज़रा-सा गोशा[2] दे दो अपने पास जहाँ से दूर
इस बस्ती में हम लोगों को हाजत एक मकाँ की है

अह्ले-ख़िरद[3] तादीब[4] की ख़ातिर पाथर ले-ले आ पहुँचे
जब कभी हमने शह्रे-ग़ज़ल में दिल की बात बयाँ की है

मुल्कों-मुल्कों, शहरों-शहरों जोगी बनके घूमा कौन
क़रिया-ब-क़रिया[5], सहरा-ब-सहरा, ख़ाक किसी ने फाँकी है?

हम-से जिसके तौर[6] हों बाबा, देखोगे दो-एक ही और
कहने को तो शह्र कराची बस्ती दिल-ज़दगाँ[7] की है

---

1. महँगी, 2. कोना, 3. अक़्लवाले, 4. अदब सिखाने के लिए, 5. गाँव-गाँव, 6. ढंग, 7. चोट खाए हुओं

[13]

जब दहर[1] के ग़म से अमाँ[2] न मिली, हम लोगों ने इश्क़ ईजाद किया
कभी शहरे-बुताँ[3] में ख़राब[4] फिरे, कभी दश्ते-जुनूँ[5] आबाद किया

कभी बस्तियाँ-बन,[6] कभी कोहो-दमन, रहा कितने दिनों यही जी का चलन
जहाँ हुस्न मिला वहाँ बैठ रहे, जहाँ प्यार मिला वहाँ साद[7] किया

शबे-माह[8] में जब भी ये दर्द उठा, कभी बैत[9] कहे लिखी 'चाँद नगर'*
कभी कोह से जा सर फोड़ मरे, कभी क़ैस को जा उस्ताद किया

यही इश्क़ बिल-आख़िर[10] रोग बना, कि है चाह के साथ बिजोग बना
जिसे बनना था ऐश वो सोग बना, बड़ा मन के नगर में फ़साद किया

अब क़ुरबतो-सोहबते-यार[11] कहाँ, लबो-आरिज़ो-ज़ुल्फ़ो-केनार[12] कहाँ
अब अपना भी 'मीर'-सा आलम है, टुक[13] देख लिया जी शाद[14] किया

[14]

ऐ दिलवालो घर से निकलो, देता दावते-आम है चाँद
शहरों-शहरों, क़रियों-क़रियों वहशत का पैग़ाम है चाँद

तू भी हरे दरीचेवाली आ जा बरसरे-बाम है चाँद
हर कोई जग में ख़ुद-सा ढूँढे, तुझ बिन बेआराम है चाँद

---

1. ज़माना, 2. शांति, 3. प्रेमिकाओं का नगर, 4. उजड़े हुए, 5. पागलपन का जंगल, 6. जंगल, 7. स्वीकार, 8. चाँदनी रात, 9. शे'र, 10. अंततः, 11. प्रियतम की निकटता और उससे मिलन, 12. पहलू, 13. थोड़ा, 14. प्रसन्न

* 'चाँद नगर' कवि के प्रथम कविता-संग्रह का नाम है।–सं.

सखियों से कब सखियाँ अपने जी के भेद छिपाती हैं
हमसे नहीं तो इससे कह दे, करता कहाँ कलाम है चाँद

जिस-जिससे उसे रब्त रहा है और भी लोग हज़ारों हैं
एक तुझी को बेमेहरी[1] का देता क्यों इल्ज़ाम है चाँद

वो जो तेरा दाग़े-गुलामी माथे पर लिए फिरता है
उसका नाम तो इंशा ठहरा, नाहक़ को बदनाम है चाँद

हमसे भी दो बातें कर ले कैसी भीगी शाम है चाँद
सबकुछ सुन ले आप न बोले, तेरा ख़ूब निज़ाम है चाँद

हम इस लंबे-चौड़े घर में शब को तन्हा होते हैं
देख किसी दिन आ मिल हमसे, हमको तुझसे काम है चाँद

अपने तो दिल के मशरिक़ो-मग़रिब उसके रुख़ से मुनव्वर हैं
बेशक तेरा रूप भी कानिल[2] बेशक तू भी तमाम[3] है चाँद

तुझको तो हर शाम फ़लक[4] पर घटता-बढ़ता देखते हैं
उसको देख के ईद करेंगे, अपना और सलाम है चाँद

[15]

इसको नाम जुनूँ का दे लो, प्यार कहो कि दुलार कहो
ऐसा और किसी का देखा दिल का कारोबार? कहो

बस्ती में दीवाना समझो, दश्त में हमको ख़्वार कहो
उनसे एक न एक बहाने होना था दो-चार कहो

---

1. अकृपा, 2. पूर्ण, 3. संपूर्ण, 4. आकाश

तुम क्या सूदो-ज़ियाँ[1] की ज़ानो, तुम जो इसे ईसार[2] कहो
जान तो दें पर जानाँ[3] पाएँ, हमको दुनियादार कहो

और किसी के दर पे जाएँ, छोड़ के उनका द्वार भला?
ऐसी अच्छी आँखोंवाले कितने हैं सरकार कहो

तुमने हाल हमारा देखा? तुम जो बाग़ो-बहाराँ में
कुल को चाक-बदामाँ जानो, नरगिस को बीमार कहो

बीच भँवर के मंज़िल करते हम तो यूँ भी पहुँचेंगे
एक टके में ले चलते हो माँझी दरिया पार कहो?

हम भी तेरे कौनैन[4] भी तेरे दुनिया क्या और उक़्बा[5] क्या
बीच में क्यों ऐ दोस्त उठा दी नाहक़ की दीवार कहो

इंशा जी ये फ़ैज़ है किसका, क्या है इसका नामो-मक़ाम
हम तो रंग तुम्हारा जानें, ऐसे कब अशआर कहो

[16]

गोरी अब तू आप समझ ले, हम साजन या दुश्मन हैं
गोरी तू है जिस्म हमारा, हम तेरा पैराहन[6] हैं

नगरी-नगरी घूम रहे हैं, सखियो[7] अच्छा मौक़ा है
रूप-सरूप की भिक्षा दे दो, हम इक फैला दामन हैं

तेरे चाकर होकर पाया दर्द बहुत रुस्वाई भी
तुझसे थे जो टके कमाए, आज तुझी को अरपन[8] हैं

---

1. लाभ-हानि, 2. तरजीह देना, पसंद करना, 3. प्रियतम, 4. दोनों लोक, 5. परलोक 6. पोशाक, 7. दानियो, 8. अर्पण

लोगो मैले तन-मन-धन की, हम को सख़्त मनाही है
लोगो हम इस छूत से भागें, हम तो खरे बरहमन हैं

पूछो खेल बनानेवाले, पूछो खेलनेवाले से
हम क्या जानें किसकी बाज़ी, हम जो पत्ते बावन हैं

सहरा से जो फूल चुने थे उनसे रूह मुअत्तर[1] है
अब जो ख़ार समेटा चाहें, बस्ती-बस्ती गुलशन हैं

दो-दो बूँद को अपनी खेती तरसी है और तरसेगी
कहने को तो दोस्त हमारे भादों हैं और सावन हैं

[17]

देख हमारे माथे पर ये दश्ते-तलब[2] की धूल मियाँ
हमसे अजब तेरा दर्द का नाता, देख हमें मत भूल मियाँ

अह्‌ले-वफ़ा से बात न करना, होगा तेरा उसूल मियाँ
हम क्यों छोड़ें इन गलियों के फेरों का मामूल मियाँ

यूँ ही तो नहिं दश्त में पहुँचे, यूँ ही तो नहिं जोग लिया
बस्ती-बस्ती काँटे देखे, जंगल-जंगल फूल मियाँ

ये तो कहो कभी इश्क़ किया है ? जग में हुए हो रुस्वा भी ?
इसके सिवा हम कुछ भी न पूछें, बाक़ी बात फ़िज़ूल मियाँ

नस्ब[3] करें मेहराबे-तमन्ना, दीद-ओ-दिल को फ़र्श करें
सुनते हैं वो कूए-वफ़ा में आज करेंगे नुज़ूल[4] मियाँ

---

1. सुगंधित 2. याचना का जंगल, 3. निर्मित, 4. अवतरण

सुन तो लिया किसी नार की ख़ातिर काटा कोह, निकाली नहर
एक ज़रा-से क़िस्से को अब देते क्यों हो तूल मियाँ

खेलने दें उन्हें इश्क़ की बाज़ी, खेलेंगे तो सीखेंगे
क़ैस की या फ़रहाद की ख़ातिर, खोलें क्या स्कूल मियाँ

अब तो हमें मंज़ूर है ये भी, शहर से निकलें, रुस्वा हों
तुझको देखा, बातें कर लीं, मेहनत हुई वुसूल मियाँ

इंशा जी क्या उज़्र[1] है तुमको, नक़्दे-दिलो-जाँ नज़्र करो
रूपनगर के नाके पर ये लगता है महसूल मियाँ

[18]

दिले-इश्क़ में बे पायाँ[2], सौदा हो तो ऐसा हो
दरिया हो तो ऐसा हो, सहरा हो तो ऐसा हो

इक ख़ाले[3]-सुवैदा[4] में, पिहनाइ-ए-दो आलम[5]
फैला हो तो ऐसा हो, सिमटा हो तो ऐसा हो

ऐ क़ैसे-जुनूँ-पेशा, इंशा को कभी देखा?
वहशी हो तो ऐसा हो, रुस्वा हो तो ऐसा हो

दरिया-ब-हुबाब[6] अंदर, तूफ़ाँ-ब-सहाब[7] अंदर
महशर[8]-ब-हिजाब[9] अंदर, होना हो तो ऐसा हो

हमसे नहीं रिश्ता भी, हमसे नहीं मिलता भी
है पास वो बैठा भी, धोका हो तो ऐसा हो

---

1. आपत्ति 2. जिसका अंजाम न हों 3. तिल, 4. दिल का काला बिंदु, 5. दोनों लोक छिपे हुए हैं, 6. पानी का बुलबुला, 7. बादल, 8. क़यामत का दिन, 9. परदा

वह भी रहा बेगाना, हमने भी न पहचाना
हाँ ऐ दिले-दीवाना, अपना हो तो ऐसा हो

इस दर्द में क्या-क्या है, रुस्वाई भी लज़्ज़त भी
काँटा हो तो ऐसा हो, चुभता हो तो ऐसा हो

हमने यही माँगा था, उसने यही बख़्शा था
बंदा हो तो ऐसा हो, दाता हो तो ऐसा हो

[19]

दिल हिज्र के दर्द से बोझिल है, अब आन मिलो तो बेहतर हो
इस बात से हमको क्या मतलब, यह कैसे हो यह क्योंकर हो

इक भीख के दोनों कासे[1] हैं, इक प्यास के दोनों प्यासे हैं
हम खेती हैं, तुम बादल हो, हम नदिया हैं, तुम सागर हो

ये दिल है कि जलते सीने में, इक दर्द का फोड़ा अल्हड़-सा
ना गुप्त रहे ना फूट बहे, कोई मरहम (हो) कोई नश्तर हो

हम साँझ समय की छाया हैं, तुम चढ़ती रात के चंदरमा
हम जाते हैं, तुम आते हो, फिर मेल की सूरत क्योंकर हो

अब हुस्न का रुत्बा आला है, अब हुस्न से सहरा खाली है
चल बस्ती में बंजारा बन, चल नगरी में सौदागर हो

जिस चीज़ से तुझको निस्बत है, जिस चीज़ की तुझको चाहत है
वो सोना है वो हीरा है वो माटी हो या कंकर हो

1. प्याले

अब इंशा जी को बुलाना क्या, अब प्यार के दीप जलाना क्या
जब धूप और छाया एक से हों, जब दिन और रात बराबर हो

वो रातें चाँद के साथ गईं, वो बातें चाँद के साथ गईं
अब सुख के सपने क्या देखें, जब दुख का सूरज सर पर हो

[20]

किसको पार उतारा तुमने किसको पार उतारोगे
मल्लाहो तुम परदेसी को बीच भँवर में मारोगे

मुँह देखे की मीठी बातें सुनते इतनी उम्र हुई
आँख से ओझल होते-होते जी से हमें बिसारोगे

आज तो हमको पागल कह लो, पत्थर फेंको, तंज़[1] करो
इश्क़ की बाज़ी खेल नहीं है, खेलोगे तो हारोगे

अह्ले-वफ़ा से तर्के-तअल्लुक़ कर लो पर इक बात कहें
कल तुम इनको याद करोगे, कल तुम इन्हें पुकारोगे

उनसे हमसे प्यार का रिश्ता, ऐ दिल छोड़ो भूल चुको
वक़्त ने सबकुछ मेट दिया है, अब क्या नक़्श उभारोगे

इंशा को किसी सोच में डूबे, दर पर बैठे देर हुई
कब तक इसके बख़्त[2] के बदले अपने बाल सँवारोगे

---

1. व्यंग्य, 2. तक़दीर

[21]

कुछ कहने का वक़्त नहीं ये कुछ न कहो, ख़ामोश रहो
ऐ लोगो ख़ामोश रहो हाँ ऐ लोगो ख़ामोश रहो

सच अच्छा, पर उसके जलू[1] में, ज़हूर का है इक प्याला भी
पागल हो? क्यों नाहक़ को सुक़रात बनो, ख़ामोश रहो

हक़ अच्छा पर उसके लिए कोई और मरे तो और अच्छा
तुम भी कोई मंसूर हो जो सूली पर चढ़ो, ख़ामोश रहो

उनका ये कहना सूरज ही धरती के फेरे करता है
सर आँखों पर, सूरज ही को घूमने दो–ख़ामोश रहो

महबस[2] में कुछ हब्स[3] है और ज़ंजीर का आहन[4] चुभता है
फिर सोचो, हाँ फिर सोचो, हाँ फिर सोचो, ख़ामोश रहो

गर्म आँसू और ठंडी आहें, मन में क्या-क्या मौसम हैं
इस बगिया के भेद न खोलो, सैर करो, ख़ामोश रहो

आँखें मूँद किनारे बैठो, मन के रक्खो बंद किवाड़
इंशा जी लो धागा लो और लब[5] सी लो, ख़ामोश रहो

---

1. देश निकाला, 2. बंदीगृह, 3. क़ैद, 4. लोहा, 5. होंठ

[22]

वो न जो क़ैदे-विसाल में आया, जिसने जो चाहा समझा
हमने उसे महबूब बताया, ज़ाहिद[1] उसे ख़ुदा समझा

एक ही जल के रूप थे सारे, सागर, दरिया, बादल, बूँद
ना उड़ता बादल ये जाना, ना बहता दरिया समझा

आख़िर शब-महमिल भी गुज़रा, महमिल के पीछे भी कोई
मीठी नींद में सोया सहरा, पुरवा का झोंका समझा

चिलमन के पीछे की छाया, रंगों का तूफ़ान बनी
उसने तो चेहरा झलकाया, देखनेवाला क्या समझा?

एक ही ज़ात के दोनों परतव[2], नूर और ज़ुल्मत[3] तू और हम
हम तो हर हालत में तेरे, तू भी हमें अपना समझा!

[23]

सुनते हैं फिर छुप-छुप उनके घर में आते-जाते हो
इंशा साहब नाहक़ जी को वहशत में उलझाते हो

दिल की बात छुपानी मुश्किल, लेकिन ख़ूब छुपाते हो
बन में दाना[4], शहर के अंदर दीवाने कहलाते हो

बेकल-बेकल रहते हो, पर महफ़िल के आदाब के साथ
आँख चुराकर देख भी लेते, भोले भी बन जाते हो

---

1. धर्मोपदेशक, 2. प्रतिबिंब, 3. अंधकार, 4. ज्ञानी

पीत में ऐसे लाख जतन हैं, लेकिन इक दिन सब नाकाम
आप जहाँ में रुस्वा हो गए, वाज़[1] हमें फ़रमाते हो

हमसे नाम जुनूँ का क़ायम, हमसे दश्त की आबादी
हमसे दर्द का शिकवा करते? हमको ज़ख़्म दिखाते हो?

[24]

अपने हमराह जो आते हो, इधर से पहले
दश्त[2] पड़ता है मियाँ इश्क़ में घर से पहले

चल दिए उठ के सूए-शह्‌रे-वफ़ा[3] कूए-हबीब[4]
पूछ लेना था किसी ख़ाकबसर[5] से पहले

इश्क़ पहले भी किया, हिज्र का ग़म भी देखा
इतने तड़पे हैं न घबराए न तरसे पहले

जी बहलता ही नहीं अब कोई साअत कोई पल
रात ढलती ही नहीं चार पहर से पहले

हम किसी दर पे न ठिठके न कहीं दस्तक दी
सैकड़ों दर थे मेरी जाँ तेरे दर से पहले

चाँद से आँख मिली, जी का उजाला जागा
हमको सौ बार हुई सुब्ह, सहर से पहले

---

1. उपदेश, 2. जंगल, 3. वफ़ा की नगरी की दिशा में, 4. प्रियतम की ओर, 5.मिट्टी में मिल गए प्राणी

[25]

इस शाम वो रुख़सत का समाँ याद रहेगा
वो शहर, वो कूचा, वो मकाँ याद रहेगा

वो टीस कि उभरी थी इधर याद रहेगा
वो दर्द कि उट्ठा था यहाँ याद रहेगा

हम शौक़ के शोले की लपक भूल भी जाएँ
वो शम्मा-फ़सुर्दा[1] का धुआँ याद रहेगा

हाँ बज़्मे-शबाना[2] में हमाशौक़[3] जो उस दिन
हम थे तेरी जानिब निगराँ[4] याद रहेगा

कुछ 'मीर' के अबियात[5] थे कुछ 'फ़ैज़' के मिसरे[6]
इक दर्द का था जिनमें बयाँ, याद रहेगा

आँखों में सुलगती हुई वहशत के जलू[7] में
वो हैरतो-हसरत का जहाँ याद रहेगा

जाँबख़्श-सी उस बर्गे-गुलेतर[8] की तरावत
वो लम्से-अज़ीज़े-दो जहाँ याद रहेगा

हम भूल सके हैं न तुझे भूल सकेंगे
तू याद रहेगा हमें हाँ याद रहेगा

---

1. बुझता हुआ दिया, 2. रात की महफ़िल, 3. शौक़ के साथ, 4. देखनेवाले, 5. शे'र, 6. कविता की पंक्तियाँ, 7. जलावतनी, 8.टटके फूल की पंखुड़ी

[26]

जाने तू क्या ढूँढ रहा है बस्ती में वीराने में
लैला तो ऐ क़ैस मिलेगी दिल के दौलतख़ाने में

जनम-जनम के सातों दुख हैं उसके माथे पर तह्रीर
अपना आप मिटाना होगा यह तह्रीर मिटाने में

महफ़िल में उस शख़्स के होते कैफ़[1] कहाँ से आता है
पैमाने से आँखों में या आँखों से पैमाने में

किसका-किसका हाल सुनाया तूने ऐ अफ़सानागो[2]
हमने एक तुझी को ढूँढा इस सारे अफ़साने में

इस बस्ती में इतने घर थे, इतने चेहरे, इतने लोग
और किसी के घर पर पहुँचा? ऐसा होश दिवाने में

[27]

ऐ मतवाली बदली काली, रूप का रस बरसाती जा
दिलवालों की उजड़ी खेती, सूना धाम बसाती जा

दीवानों का रूप न धारें, या धारें, बतलाती जा
मारें या हमें ईंट न मारें, लोगों से फ़रमाती जा

---

1. नशा, मस्ती, 2. कहानी सुनानेवाले

और बहुत-से रिश्ते तेरे, और बहुत-से तेरे नाम
आज तू एक हमारे रिश्ते, महबूबा कहलाती जा

पूरे चाँद की रात वो सागर, जिस सागर का ओर न छोर
या हम आज डुबो दें तुझको, या तू हमें बचाती जा

हम लोगों की आँखें पलकें राह में हैं, कुछ और नहीं
शरमाती-घबराती गोरी, इतराती-इठलाती जा

दिलवालों की दूर पहुँच है, ज़ाहिर की औक़ात न देख
एक नज़र बख़्शिश में देकर, लाख सवाब कमाती जा

और तो फ़ैज़ नहीं कुछ तुझसे ऐ बेहासिल[1] ऐ बेमहर[2]
इंशा जी से नज़्में, ग़ज़लें, गीत कबित लिखवाती जा

[28]

देख हमारी दीद के कारन, कैसा क़ाबिले-दीद हुआ
एक सितारा बैठे-बैठे ताबिश[3] में ख़ुरशीद[4] हुआ

आज तो जानी रस्ता तकते, शाम का चाँद पदीद हुआ
तूने तो इनकार किया था, दिल कब नाउम्मीद हुआ

आन के इस बीमार को देखिए, तुझको भी तौफ़ीक़ हुई
लब पर इसके नाम था तेरा, जब भी दर्द शदीद[5] हुआ

---

1. जिसको कुछ न मिला हो, 2. जिसे महारत न हो, 3. चमक, 4. सूर्य, 5.दृढ़

हाँ उसने झलकी दिखलाई, एक ही पल को दरीचे में
जानो इक बिजली लहराई, आलम एक शहीद हुआ

तूने हमसे कलाम भी छोड़ा, अर्ज़े-वफ़ा[1] के सुनते ही
पहले कौन क़रीब था हमसे, अब तो और बईद[2] हुआ

दुनिया के सब कारज छोड़े, नाम पे तेरे इंशा ने
और इसे क्या थोड़े ग़म थे, तेरा इश्क़ मज़ीद[3] हुआ।

[29]

सबको दिल के दाग़ दिखाए, एक तुझी को दिखा न सके
तेरा दामन दूर नहीं था, हाथ हमीं फैला न सके

तू ऐ दोस्त कहाँ ले आया, चेहरा ये ख़ुरशीदे-मिसाल
सीने में आबाद करेंगे, आँखों में तो समा न सके

ना तुझसे कुछ हमको निस्बत, ना तुझको कुछ हमसे काम
हमको ये मालूम था लेकिन, दिल को ये समझा न सके

अब तुझसे किस मुँह से कह दें, सात समंदर पार न जा
बीच की इक दीवार भी हम तो फाँद न पाए ढा न सके

मन पापी की उजड़ी खेती सूखी की सूखी ही रही
उमड़े बादल, गरजे बादल, बूँदें दो बरसा न सके

---

1. प्रेम-निवेदन, 2. दूर, 3. बढ़कर

[30]

शामे-ग़म की सहर नहीं होती
या हमीं को ख़बर नहीं होती?

हमने सब दुख जहाँ के देखे हैं
बेकली इस क़दर नहीं होती

नाला[1] यूँ नारसा[2] नहीं रहता
आह यूँ बेअसर नहीं होती

चाँद है, कहकशाँ[3] है, तारे हैं
कोई शै[4] नामांबर[5] नहीं होती

एक जाँ सोज़ो-नामुराद[6] ख़लिश
इस तरफ़ है उधर नहीं होती

दोस्तो इश्क़ है ख़ता लेकिन
क्या ख़ता दरगुज़र नहीं होती?

रात आकर गुज़र भी जाती है
इक हमारी सहर नहीं होती

बेक़रारी सही नहीं जाती
ज़िंदगी मुख़्तसर[7] नहीं होती

एक दिन देखने को आ जाते
ये हवस[8] उम्र-भर नहीं होती

---

1. क्रंदन, 2. न पहुँचनेवाला, 3. आकाशगंगा, 4. चीज़, 5. पत्र ले जानेवाला, 6. असफल, 7. संक्षिप्त, 8. लालसा

हुस्न सबको ख़ुदा नहीं देता
हर किसी की नज़र नहीं होती

दिल पियाला नहीं गदाई[1] का
आशिक़ी दर-ब-दर नहीं होती

[31]

ख़ूब हमारा साथ निभाया बीच भँवर के छोड़ा हात[2]
हमको डुबोकर ख़ुद साहिल पर जा निकले हो, अच्छी बात

शाम से लेकर पौ फटने तक कितनी रुतें बदलती हैं
आस की कलियाँ यास[3] की पतझड़ सुब्ह के अश्कों की बरसात

अपना काम तो समझाना है ऐ दिल रिश्ते जोड़ कि तोड़
हिज्र की रातें लाखों-करोड़ों वस्ल के लम्हे पाँच कि सात

हमसे हमारा इश्क़ न छीनो, हुस्न की हमको भीक न दो
तुम लोगों के दूर ठिकाने हम लोगों की क्या औक़ात

रोग तुम्हारा और है इंशा, बेंदों[4] से क्यों चुहल करो
दर्द के सौदे करनेवाले, दर्द से पा सकते हैं निजात?

---

1. भिक्षा, 2. हाथ, 3. निराशा, 4. परवानों, पतंगों

[32]

दिल किसके तसव्वुर में जाने रातों को परीशाँ होता है
ये हुस्ने-तलब की बात नहीं, होता है मेरी जाँ होता है

हम तेरी सिखाई मंतिक़[1] से, अपने को तो समझा लेते हैं
इक ख़ार खटकता रहता है सीने में, जो पिन्हाँ होता है

फिर उनकी गली में पहुँचेगा, फिर सह्व[2] का सज्दा कर लेगा
इस दिल पे भरोसा कौन करे, हर रोज़ मुसलमाँ होता है

वो दर्द कि उसने छीन लिया, वो दर्द कि उसकी बख़्शिश था
तन्हाई की रातों में इंशा अब भी मेरा मेहमाँ होता है

[33]

हम रात बहुत रोए बहुत आहो-फ़ुगाँ की
दिल दर्द से बोझल हो तो फिर नींद कहाँ की

सर ज़ानू पे रक्खे हुए क्या सोच रही हो
कुछ बात समझती हो मुहब्बत-ज़दगाँ[3] की

तुम मेरी तरफ़ देख के चुप हो-सी गई थीं
वो साअते-ख़ुशवक़्त[4] निशाते-गुज़राँ[5] की

इक दिन ये समझते थे कि पायाने-तमन्ना[6]
इक रात है महताब के अय्यामे-जवाँ[7] की

---

1. तर्कशास्त्र, लॉजिक, 2. भूल-चूक, 3. प्रेम-पीड़ितों, 4. शुभकाल की एक घड़ी, 5. आनंदपूर्ण, 6. अभिलाषाओं की पूर्ति, 7. यौवन के दिन

अब और ही औक़ात है ऐ जाने-तमन्ना
हम नालाकशाँ[1], बेगुनहाँ[2] ग़मज़दगाँ[3] की

इस घर की खुली छत पे चमकते हुए तारो
कहते हो कभी बात वहाँ जाके यहाँ की?

बरगश्ता[4] हुआ हमसे ये महताब तो प्यारो
बस बात सुनी राह चला काहकशाँ[5] की

अल्लाह करे 'मीर' का जन्नत में मकाँ हो
मरहूम ने हर बात हमारी ही बयाँ की

पढ़ते हैं, शबोरोज़ उसी शख़्स की ग़ज़लें
ग़ज़लें कि हिकायात[6] हैं हम दिलज़दगाँ[7] की

तुम चर्ख़े-चहारुम[8] के सितारे हुए लोगो
ताराज करो[9] ज़िंदगियाँ अह्ले-जहाँ की

अच्छा हमें बनते हुए मिटते हुए देखो
हम मौजे-गुरेज़ाँ[10] ही सही आबे-रवाँ[11] की

इंशा से मिलो इससे न रोकेंगे, व लेकिन
इससे ये मुलाक़ात निकाली है कहाँ की?

मशहूर है हर बज़्म में इस शख़्स का सौदा
बातें हैं बहुत शहर में बदनाम मियाँ की

ऐ दोस्तो ऐ दोस्तो ऐ दर्द नसीबो!
गलियों में चलो सैर करें शहरे-बुताँ[12] की

---

1. रोनेवालों, 2. बेगुनाहों, 3. शोक-पीड़ितों, 4. विमुख, 5. आकाशगंगा, 6. आज़िज़ी, आत्मनिवेदन, 7. पीड़ित हृदयों, 8. चौथे आसमान, 9. लूटो, 10. बिखरती हुई लहर, 11. प्रवहमान जल, 12. प्रेमिकाओं के नगर

हम जाएँ किसी सिम्त किसी चौक पे ठहरें
कहियो न कोई बात किसी सूदो-ज़ियाँ[1] की

इंशा की ग़ज़ल सुन लो प'[2] रंजूर न होना
दीवाना है दीवाने ने इक बात बयाँ की

होता है यही इश्क़ में हंजार[3] सभी का
बातें यही देखी हैं मुहब्बतज़दगाँ की

[34]

उनका दावा उनकी अदालत और उन्हीं की ताज़ीरात[4]
उनका दोस्त ज़माना सारा, अपना दोस्त ख़ुदा की ज़ात

ऐ यारो इस फ़स्ल में अपना जोशो-जुनूँ रुस्वा न करो
गुलशन-गुलशन ख़ाक उड़ती है फूल न गुंचे डाल न पात

मेह्रो-मुरव्वत[5] में वो हमारे पत्थर के बुत अच्छे थे
आए थे अब लौट चले हैं हज़रते-यज़दाँ[6] तसलीमात

आप ही आप पिटे जाते हैं अपने प्यादे अपने फ़ील[7]
हम क्यों खेलें इस बाज़ी में हाथ हमारे जीत न मात

हमने ये माना इक अंटी में यूसुफ़े-कनआँ[8] मिलता है
वक़्त के बोसीदा चरख़े पर उम्मीदों का सूत न कात

---

1. लाभ-हानि, 2. परंतु, 3. क़ायदा, 4. संविधान, 5. कृपा और उदारता, 6 हे जन्नत के दारोग़ा 7. हाथी (शतरंज के मोहरों की ओर संकेत), 8. कनआन का निवासी यूसुफ़। यूसुफ़ = फारसी शहरी में यूसुफ़ का उल्लेख माशूक़ के रूप में हुआ है। ज़ुलेख़ा इसकी आशिक़ थी। फ़ारसी काव्य में यूसुफ़ का सौंदर्य-वर्णन दर्शनीय है। कनआन = शाम देश का दक्षिण-पश्चिमी हिस्सा, जिसे कनआन बिन साम बिन नूह ने आबाद किया था। यह क्षेत्र हज़रत इब्राहीम का कार्यस्थल भी था।

इंशा साहब सुब्ह हुई है उट्ठो भी अब कूच करो
इस मंज़िल पर क़ाफ़िलेवाले रुकते हैं बस रात की रात

[35]

सावन-भादों साठ ही दिन हैं फिर वो रुत की बात कहाँ
अपने अश्क मुसलसल बरसें अपनी-सी बरसात कहाँ

चाँद ने क्या-क्या मंज़िल कर ली निकला, चमका, डूब गया
हम जो आँख झपक लें सो लें ऐ दिल हमको रात कहाँ

पीत का कारोबार बहुत है अब तो और भी फैल चला
और जो काम जहाँ को देखें, फ़ुरसत दें हालात कहाँ

क़ैस का नाम सुना ही होगा हमसे भी मुलाक़ात करो
इश्क़ो-जुनूँ की मंज़िल मुश्किल सबकी ये औक़ात कहाँ

[36]

हम उनसे अगर मिल बैठते हैं क्या दाष हमारा होता है
कुछ अपनी जसारत[1] होती है कुछ उनका इशारा होता है

कटने लगीं रातें आँखों में, देखा नहीं पलकों पर अक्सर
या शामे-ग़रीबाँ का जुगनू या सुब्ह का तारा होता है

---

1. दिलेरी

हम दिल को लिए हर देस फिरे इस जिंस के गाहक मिल न सके
ऐ बंजारो हम लोग चले, हमको तो ख़सारा[1] होता है

दफ़्तर से उठे कैफ़े में गए, कुछ शे'र कहे कुछ कॉफ़ी पी
पूछो जो मआश[2] का इंशा जी यूँ अपना गुज़ारा होता है

1. नुक़सान, 2. आजीविका

नज़्में

चाँद के तमन्नाई

शह्रे-दिल की गलियों में
शाम से भटकते हैं
चाँद के तमन्नाई
बेक़रार सौदाई[1]
दिल गुज़ार तारीकी[2]
जाँगुज़ार तन्हाई
रूहो-जाँ को डसती है
रूहो-जाँ में बसती है
शह्रे-दिल की गलियों में
ताक़े-शब की बेलों पर
शबनमी सरिश्कों[3] की
बेक़रार लोगों ने
यादगार छोड़ी है
इतनी बात थोड़ी है ?
सदहज़ार बातें थीं
हीलए-शकेबाई[4]
सूरतों की ज़ेबाई
क़ामतों की रानाई
इन सियाह रातों में
एक भी न याद आई

---

1. विक्षिप्त, 2. अँधेरा, 3. बूँद, 4. सब्र का बहाना

जा-ब-जा भटकते हैं
किसकी राह तकते हैं
चाँद के तमन्नाई
ये नगर कभी पहले
इस क़दर न वीराँ था
कहनेवाले कहते हैं
क़रियए निगाराँ था
ख़ैर अपने जीने का
ये भी एक सामाँ था
आज दिल में वीरानी
अब्र बन के घिर आई
आज दिल को क्या कहिए
बावफ़ा न हरजाई
फिर भी लोग दीवाने
आ गए हैं समझाने
अपनी वहशते-दिल के
बुन लिए हैं अफ़साने
ख़ुशख़याल दुनिया ने
गरमियाँ तो जाती हैं
वोह रुतें भी आती हैं
जब मलूल रातों में
दोस्तों की बातों में
जी न चैन पाएगा
और ऊब जाएगा
आहटों से गूँजेगी
शहरे-दिल की पिन्हाई
और चाँद रातों में

चाँदनी के शैदाई
हर बहाने निकलेंगे
आज़माने निकलेंगे
आरज़ू की गीराई[1]
ढूँढने को रुस्वाई
सर्द-सर्द रातों को
ज़र्द चाँद बख़्शेगा
बेहिसाब तन्हाई
बेहिजाब[2] तन्हाई
शहूरे-दिल की गलियों में

1954

ये सराय है

ये सराय है, यहाँ किसका ठिकाना लोगो
याँ तो आते हैं मुसाफ़िर, सो चले जाते हैं

हाँ यही नाम था कुछ ऐसा ही चेहरा-मोहरा
याद पड़ता है कि आया था मुसाफ़िर कोई
सूने आँगन में फिरा करता था तन्हा-तन्हा
कितनी गहरी थी निगाहों की उदासी उसकी
लोग कहते थे कि होगा कोई आसेबज़दा[3]
हमने ऐसी भी कोई बात न उसमें देखी

ये भी हिम्मत न हुई पास बिठा के पूछें
दिल ये कहता था कोई दर्द का मारा होगा

---

1. पकड़, 2. निर्लज्ज, 3. प्रेतात्माग्रस्त

लौट आया है जो आवाज़ न उसकी पाई
जाने किस दर पे किसे जाके पुकारा होगा
याँ तो हर रोज़ की बातें हैं ये जीतीं मातें
ये भी चाहत के किसी खेल में हारा होगा

एक तस्वीर थी कुछ आपसे मिलती-जुलती
एक तहरीर थी पर उसका तो क़िस्सा छोड़ो
चंद ग़ज़लें थीं कि लिक्खीं कभी लिखकर काटीं
शे'र अच्छे थे जो सुन लो तो कलेजा थामो
बस यही माल मुसाफ़िर का था हमने देखा
जाने किस राह में किस शख़्स ने लूटा उसको

गुज़रा करते हैं सुलगते हुए बाक़ी अय्याम[1]
लोग जब आग लगाते हैं बुझाते भी नहीं
अजनबी पीत के मारों से किसी को क्या काम
बस्तियोंवाले कभी नाज़ उठाते भी नहीं
छीन लेते हैं किसी शख़्स के जी का आराम
फिर बुलाते भी नहीं, पास बिठाते भी नहीं
एक दिन सुब्ह जो देखा तो सराय में न था
जाने किस देस गया है वो दिवाना—ढूँढो!
हमसे पूछो तो न आएगा वो जानेवाला
तुम तो नाहक़ को भटकने का बहाना ढूँढो
याँ तो आया जो मुसाफ़िर यूँ ही शब-भर ठहरा
ये सराय है—यहाँ किस का ठिकाना ढूँढो।

1953

1. दिन

कातिक का चाँद

चाँद कब से है सरे-शाख़े-सनोबर अटका
घास शबनम में शराबोर है शब है आधी
बाम सूना है, कहाँ ढूँढें किसी का चेहरा
(लोग समझेंगे कि बेरब्त हैं बातें अपनी)
शे'र उगते हैं दुखी ज़ह्न से कोंपल-कोंपल
कौन मौसम है कि भरपूर हैं ग़म की बेलें
दूर पहुँचे हैं सरकते हुए ऊदे बादल
चाँद तन्हा है (अगर उसकी बलाएँ ले लें?)
दोस्तो जी का अजब हाल है, लेना बढ़ना
चाँदनी रात है कातिक का महीना होगा
'मीर' मग़फ़ूर[1] के अशआर न पैहम[2] पढ़ना
जीनेवालों को अभी और भी जीना होगा

चाँद. ठिठका है सरे-शाख़े-सनोबर कबसे
कौन-सा चाँद है किस रुत की हैं रातें लोगो
धुंध उड़ने लगी बुनने लगी क्या-क्या चेहरे
अच्छी लगती हैं दिवानों की-सी बातें लोगो
भीगती रात में दुबका हुआ झींगुर बोला
कसमसाती किसी झाड़ी में से ख़ुशबू लपकी
कोई काकुल, कोई दामन, कोइ आँचल होगा
एक दुनिया थी मगर हमसे समेटी न गई

ये बड़ा चाँद चमकता हुआ चेहरा खोले
बैठा रहता है सरे-बाम शबिस्ताँ शब को

1.मोक्षप्राप्त, 2. निरंतर

हम तो इस शहर में तन्हा हैं, हमीं से बोले
कौन इस हुस्न को देखेगा ये इससे पूछो
सोने लगती है सरे-शाम ये सारी दुनिया
इनके हुजूरों[1] में न दर है न दरीचा कोई
इनकी क़िस्मत में शबे-माह को रोना कैसा
इनके सीने में न हसरत न तमन्ना कोई

किससे इस दर्दे-जुदाई की शिकायत कहिए
याँ तो सीने में नयस्ताँ[2] का नयस्ताँ होगा
किससे इस दिल के उजड़ने की हिकायत कहिए
सुननेवाला भी जो हैराँ नहीं, हैराँ होगा
ऐसी बातों से न कुछ बात बनेगी अपनी
सूनी आँखों में निराशा का घुलेगा काजल
ख़ाली सपनों से न औक़ात बनेगी अपनी
ये शबे-माह[3] भी कट जाएगी बेकल-बेकल

जी में आती है कि कमरे में बुला लें इसको
चाँद कब से है सरे-शाख़े-सनोबर अटका
रात इसको भी निगल जाएगी बोलो, बोलो
बाम पर और न आएगा किसी का चेहरा

1953

---

1. कुटियों में, 2. जंगल, 3. चाँदनी रात

ऐ मतवालो नाक़ोंवालो

ऐ मतवालो नाक़ों*वालो देते हो कुछ उसका पता
नज्द[1] के अंदर मजनूँ नामी एक हमारा भाई था
आख़िर उस पर क्या कुछ बीती जानो तो अहवाल कहो
मौत मिली या लैला पाई? दीवाने का माल कहो
अक़्ल की बातें कहनेवाले दोस्तों ने उसे समझाया
उसको तो लेकिन चुप-सी लगी थी, ना बोला ना बाज़ आया
ख़ैर अब उसकी बात को छोड़ो, दीवाना फिर दीवाना
जाते-जाते हम लोगों का एक सँदेसा ले जाना

आवारा-आवारा फिरना छोड़ के मंडली यारों की
देख रहे हैं देखनेवाले इंशा का अब हाल वही
क्या अच्छा ख़ुश-बाश[2] जवाँ था जाने क्यों बीमार हुआ
उठते-बैठते 'मीर' की बैतें[3] पढ़ना उसका शिआर[4] हुआ
तौर-तरीक़ा उखड़ा-उखड़ा चेहरा पीला सख़्त मलूल[5]
राह में जैसे ख़ाक पे कोई मसला-मसला बाग़ का फूल
शाम-सवेरे बाल बिखेरे बैठा-बैठा रोता है
नाक़ोंवालो! इन लोगों का आलम कैसा होता है?

अपना भी वो दोस्त था हम भी पास उसके बैठ आते हैं
इधर-उधर के क़िस्से कह के जी उसका बहलाते हैं
उखड़ी-उखड़ी बात करे है भूल के अगला याराना
''कौन हो तुम, किस काम से आए, हमने न तुमको पहचाना''

---

* ऊँटनियों (लैला ऊँटनी पर बैठकर निकलती थी, इसलिए ऊँटनियोंवालों से भजनूँ का पता पूछा जा रहा है।–सं.)

1. पूर्वी अरब का एक शहर। मजनूँ यहीं का रहनेवाला था, 2. प्रफुल्लित, 3. कविताएँ, 4. पहचान, 5. चिंतित

जाने ये किसने चोट लगाई जाने ये किसको प्यार करे
तुम्हीं कहो हम किसको ढूँढ़ें, आहें खींचे नाम न ले
पीत में ऐसे जान से यारो कितने लोग गुज़रते हैं
पीत में नाहक़ मर नहीं जाते, पीत तो सारे करते हैं

ऐ मतवालो नाक़ोंवालो, नगरी-नगरी जाते हो
कहीं जो उसकी जान का बैरी मिल जाए यह बात कहो
चाक गरेबाँ, इक दीवाना फिरता है हैराँ-हैराँ
पत्थर से सर फोड़ मरेगा, दीवाने को सब्र कहाँ
तुम चाहो तो बस्ती छोड़े तुम चाहो तो दश्त बसाए
तुम चाहो तो कुछ दिन जी ले दामन सी ले होश में आए
ऐ मतवालो नाक़ोंवालो! वरना इक दिन ये होगा
तुम लोगों से आते-जाते पूछेंगे इंशा का पता

1953

ऐ मेरे सोचनगर की रानी

तुझसे जो मैंने प्यार किया है, तेरे लिए? नहीं अपने लिए
वक़्त की बेउनवान कहानी कब तक बेउनवान रहे
ऐ मेरे सोचनगर की रानी, ऐ मेरे ख़ुल्दे-ख़याल[1] की हूर[2]
इतने दिनों जो मैं घुलता रहा हूँ तेरे बिना यूँ ही दूर ही दूर
सोच तो क्या फल मुझको मिला, मैं मन से क्या फिर तन से गया
शह्रे-वतन में अजनबी ठहरा आख़िर शह्रे-वतन से गया
रूह की प्यास बुझानी थी पर यहाँ होंठों की प्यास भी बुझ न सकी

1.ख़यालों की जन्नत, 2. जन्नत की कल्पित सुंदरी

बचते-सँभलते भी एक सुलगता रोग बनी मेरे जी की लगी
दूर की बात न सोच अभी मेरे हाथ में तू ज़रा हाथ तो दे
तुझसे जो मैंने प्यार किया है, तेरे लिए ? नहीं अपने लिए

बाग़ में है इक बेले का तोहफ़ा भीनी है उस बेले की सुगंध
ऐ कलियो क्यों इतने दिनों तुम रक्खे रहीं इसे गोद में बंद
कितने ही हम-से रूप के रसिया आए यहाँ और चल भी दिए
तुम हो कि इतने हुस्न के होते एक न दामन थाम सके
सह्ने-चमन पर भौंरों के बादल एक ही पल को छाएँगे
फिर न वो जाकर लौट सकेंगे फिर न वो जाकर आएँगे
ऐ मेरे सोचनगर की रानी वक़्त की बातें रंग और बू
हर कोई साथ किसी का ढूँढे गुल हों[1] कि बेलें मैं हूँ कि तू
जो कुछ कहना है अभी कह ले जो कुछ सुनना है सुन ले
तुझसे जो मैंने प्यार किया है, तेरे लिए ? नहीं अपने लिए

दिल की न पूछो क्या कुछ चाहे, दिल का तो फैला है दामन
गीत-से गाल, ग़ज़ल-सी आँखें, साइदे-सीमीं,[2] बर्गे-दहन[3]
जूड़े के इन्हीं फूलों को देखो कल की-सी उनमें बास कहाँ
एक इकतारा करके डूबी माथे की तन्नाज़[4] अफ़शाँ
सहने को दुख सह न सके हम, कहने की बातें कह न सके
पास तेरे कभी आ न सके हम, दूर भी तुझसे रह न सके
किससे कहे अब रूह की बिपता, किसको सुनाइए मन की बात
दूर की राह, भटकता राही, जीवन-रात घनेरी रात
होंठों की प्यास बुझानी है अब तेरे जी को ये बात लगे न लगे
तुझसे जो मैंने प्यार किया है, तेरे लिए ? नहीं अपने लिए

1954

---

1. यहाँ गुलाब से तात्पर्य है, 2. चाँदी की कलाइयाँ, 3. तलवार-जैसी भौंहें, 4. शोख़

लोग पूछेंगे

लोग पूछेंगे क्यों उदास हो तुम
और जो दिल में आए सो कहियो
''यूँ ही माहौल कि गिरानी है
दिन ख़िज़ाँ के ज़रा उदास-से हैं
कितने बोझिल हैं शाम के साए''
उनकी बाबत ख़मोश ही रहियो
नाम उनका न दरमियाँ आए
नाम उनका न दरमियाँ आए
उनकी बाबत ख़मोश ही रहियो
''कितने बोझिल हैं शाम के साए
दिन ख़िज़ाँ के ज़रा उदास-से हैं
यूँ ही माहौल की गिरानी है''
और जो दिल में आए सो कहियो
लोग पूछेंगे क्यों उदास हो तुम?

1948

साए से

क्यों मेरे साथ-साथ आता है?
मेरी मंज़िल है बेनिशाँ नादाँ
साथ मेरा-तेरा कहाँ नादाँ
थक गए पाँव पड़ गए छाले
मंज़िलें टिमटिमा रही हैं—दूर
बस्तियाँ और जा रही हैं—दूर

मैं अकेला चलूँगा ऐ साये
कौन अह्दे-वफ़ा निभाता है
क्यों मेरे साथ-साथ आता है
तू अभी जा मिलेगा सायों में
मैं कहाँ जाऊँ मैं कहाँ जाऊँ
किसकी आग़ोश में अमाँ पाऊँ

1944

इंतज़ार की रात

उमड़ते आते हैं शाम के साये
दम-ब-दम बढ़ रही है तारीकी
एक दुनिया उदास है लेकिन
कुछ से कुछ सोचकर दिले-वहशी
मुस्कराने लगा है—जाने क्यों ?
वो चला कारवाँ सितारों का
झूमता नाचता सूए-मंज़िल
वो उफ़क़[1] की जबीं[2] दमक उट्ठी
वो फ़ज़ा मुस्कराई, लेकिन दिल
डूबता जा रहा है—जाने क्यों ?

1945

1. क्षितिज, 2. मस्तक

इंशा ने फिर इश्क़ किया

इंशा ने फिर इश्क़ किया	इंशा साहब दीवाने
अपने भी वो दोस्त हुए	हम भी चलेंगे समझाने

1- पैमान महबूब से :

अपने को हम इस शहर में रुस्वा न करेंगे
अब तक जो हुआ ख़ैर, अब ऐसा न करेंगे
वादा है कि अब और जलाएँगे न जी को
नुक़सान है इसमें तो ये सौदा न करेंगे
ता-शाम[1] न उन कूचों में घूमेंगे परीशाँ
ता-सुब्ह शबे-माह[2] में जागा न करेंगे
हर मोड़ पे ठिठकेंगे दीवानों की सूरत[3]
हर दर पे तुझे जाके पुकारा न करेंगे
लिक्खेंगे किसी और ही उन्वान की नज़्में
ग़ज़लों में भी इस बात का चर्चा न करेंगे

2- बातें अपने दिल के साथ :

वादा तो किया है मगर ईफ़ा[4] न करेंगे
ईफ़ा जो करेंगे कोई अच्छा न करेंगे
लोगों से छुपा लेंगे जो अहवाल है जी का
अपने से किसी बात में धोका न करेंगे
ऐ दिल तेरे फरमानों को टाला है न टालें

---

1. शाम तक, 2. चाँदनी रात, 3. तरह, 4. पूरा

उनकी भी तेरे सामने परवा न करेंगे
इस राह को हम छोड़के जाएँ किसी जानिब
आज़ुर्दा[1] न हो हम कभी ऐसा न करेंगे
लिक्खेंगे उसी ठाठ से नज़्में कभी ग़ज़लें
हाँ आज से लोगों को दिखाया न करेंगे

3- ख़िताब किसी दोस्त का लोगों से :

हमने न कहा था कि वो क्या-क्या न करेंगे
हाँ सब्र की कहते हो तो इंशा न करेंगे
बढ़ जाएगा आज़ारे-मुहब्बत[2] है ये लोगो
वो एक नज़र देख के अच्छा न करेंगे
उनसे ये कहो ऐसे दिवानों से न उलझें
सुन लेंगे मगर आपका कहना न करेंगे
साइल[3] हैं फ़क़त एक इनायत की नज़र के
ये और किसी शै का तक़ाज़ा न करेंगे
दर से न उठाएँ वो ज़मानत पे हमारी
रुस्वा हैं मगर आपको रुस्वा न करेंगे

4- बाब चहारम-दरमुसाफ़िरत :

वो जी में कोई बात जो लाते हैं अज़ीज़ो
ये सब न करेंगे चलो अच्छा न करेंगे
तन्हाई में ले जाएँगे समझाएँगे दिल को
ये मान भी जाएगा ये दावा न करेंगे
इतना है कि छोड़ेंगे ये दीवानों की सूरत
हम कल से सरे-राह भी बैठा न करेंगे

---

1. नाराज़, 2. प्रेमरोग, 2. याचक

हो जाएँगे जाकर कहीं परदेस में नौकर
याँ साल में इक बार भी आया न करेंगे
इस शहर में आइन्दा न देखेंगे वो हमको
क्या-क्या न किया इश्क़ में क्या-क्या न करेंगे

1954

वापसी

बस्तियाँ क़रिये[1] घूम चुके अब दश्त को लौटें बन को चलें
शाम हुई आवारा ग़ज़ालो[2] ! आओ कि अपने वतन को चलें
"तुम और हमसे प्यार करोगे ? झूठ है लोभी बंजारो
बेचोगे व्योपार करोगे, तुमसे दूर भले प्यारो !"
बैठा है वो जो आग जलाए, खोह के मुँह पर चरवाहा
वो भी है तीर-कमान सजाए, उससे भी हमको बचना हुआ
पच्छुम में जहाँ पेड़ घने हैं, उनसे भी लोगो दूर ही दूर
उनमें वो अपनी जान के बैरी, चीते-बाघ छुपे हैं ज़रूर
हर कोई देखके जाल बिछाए, हर कोई उठके वार करे
बस्तियाँ-क़रिये घूम चुके हम, कोई न हमसे प्यार करे
लाए थे हम उसे किसको दिखाने ले चले दुखते मन को, चलें
शाम हुई आवारा ग़ज़ालो, आओ कि अपने वतन को चलें

1954

---

1. गाँव, 2. हिरनियो

पिछले पहर के सन्नाटे में

पिछले पहर के सन्नाटे में
किसकी सिसकी किसका नाला[1]
कमरे की ख़ामोश फ़ज़ा में दर आया[2] है

ज़ोर हवा का टूट चुका है
खुले दरीचे की जाली से
नन्हीं-नन्हीं बूँदें छनकर
सब कोनों में फैल गई हैं
और मेरे अश्कों से
उनके हाथ का तकिया भीग गया है
कितनी ज़ालिम कितनी गहरी तारीकी है
खुला दरीचा थर-थर थर-थर काँप रहा है
भीगी मिट्टी सोंधी ख़ुशबू छोड़ रही है

ऊदे बादल,
काले अंबर की झीलों में डूब गए हैं
किसके रुख़सारों[3] की लरज़िश[4] देख रहा हूँ
किसकी ज़ुल्फ़ों की शिकनों से खेल रहा हूँ
चुपके-चुपके लेटे-लेटे सोच रहा हूँ
पिछले पहर का सन्नाटा है
किसकी सिसकी किसका नाला
कमरे की ख़ामोश फ़ज़ा में दर आया है

घने दरख़्तों में पुरवा की सीटी गूँजी
दूदकशों[5] में क़ैदी रूहें चीख़ रही हैं

---

1. क्रंदन, 2. घुस आया, 3. कपोलों, 4. कंपन, 5. यातनागृहों

कोनों में दुबके हुए झींगुर चिल्लाते हैं
मेहराबों से भूतों के सर टकराते हैं
क़िले की इक बुर्ज के अंदर
एक परी (शैलाट[1] की रानी)
ख़ंदक़ के अनदेखे पानी की गहराई
अंदेशे के बालिश्तों से माप रही है
माज़ी[2] की ड्योढ़ी की चिलमन
खुले दरीचे की जाली से
छन-छन आएँ
रूप की जोत हिना की लाली कल की यादें
सोंधी ख़ुशबू ठंडी बूँदें
कल के बासी आँसू जिन से
फ़र्दा[3] के बालीं[4] का परदा भीग रहा है
सहरज़दा[5] महबूस[6] हसीना
सपनों के शैलाट की रानी
आईनों में हुस्ने-शिकस्ता[7] देख रही है
कितने चेहरे टूटे-टूटे
पहचाने-अनपहचाने-से
आगे-पीछे आगे-पीछे भाग रहे हैं
क़िले के आसेब[8] की सूरत
किसकी सिसकी किसका नाला
कमरे की ख़ामोश फ़ज़ा में दर आया है
बिछड़े लोगों प्यारे लोगो
चाहें भी तो नाम तुम्हारे जान सकेंगे ?

---

1. अंग्रेज़ी साहित्य में रानी शैलाट का ज़िक्र अक्सर आया है, जिसके बारे में प्रसिद्ध है कि वह किसी भी वस्तु को सीधे न देखकर दर्पण में देखा करती थी। एक रोज़ उसका दर्पण टूट जाता है !–सं.
2. अतीत, 3. आनेवाला कल, 4. तकिया, 5. जादू की हुई, 6. बंदिनी 7. टूटा हुआ सौंदर्य, 8. भूत

कैसे मानें तुमको हमारे
जी लेने की मर लेने की
ख़ुशी हुई, अफ़सोस हुआ है
तुम क्या जानो
किसके हाथ का तकिया
किसके गर्म अश्कों से भीग रहा है
खुले दरीचे की जाली से चिमटी आँखों
इक लम्हे के कौंदे[1] में तुम
किन-किन अजनबी चीज़ों को पहचान सकोगी

जीवन-खेल में हारे लोगो
बिछड़े लोगो प्यारे लोगो
बरखा की लंबी रातों में
कमरे की ख़ामोश फ़ज़ा में
पिछले पहर के सन्नाटे में
रोते-रोते जागनेवाले
हम लोगों को सो लेने दो
और सवेरा हो लेने दो

1953

---

1. कौंध, चमक

ख़िज़ाँ की एक शाम

शाम हुई परदेसी पंछी घर को भागे
दिल अपना हम खोल के रक्खें किसके आगे

पतझड़ तूने किस-किस को हैरान किया है
"बाग़ से फूल और फूल से भौंरा छीन लिया है"
भेड़ें क्यों खेतों के चक्कर काट रही हैं
"मेंड़ों से उड़ती मिट्टी को चाट रही हैं"
पछुवा तूने अपनी सोंधी बास गँवाई
"आज से मैंने अगली रुत की आस गँवाई"
पौदे तू क्यों सूख रहा है ज़र्द हुआ है ?
"इस जंगल में जीने से जी सर्द हुआ है"

सपनों की परियों के आँचल चूम रहे हैं
हम भी चुप-चुप तन्हा-तन्हा घूम रहे हैं
कैसे उजड़ी बस्तियों को आबाद करोगे
लोगो, कल तुम हम लोगों को याद करोगे
दिल अपना हम खोल के रक्खें किसके आगे
शाम हुई परदेसी पंछी घर को भागे

1954

चल सो चल

जिस दिन की रह देखी इंशा इतने बरसों आज और कल
वह दिन आया बीत गया मन फिर भी रहा बोझल-बोझल
फागुन आए सावन आए इस धरती का हाल वही
गँदला अंबर, उजड़ी खेती, फुलवारी में फूल न फल
किसको बताएँ मन में हमारे मात के घाव कैसे हैं
आज कि इक दुनिया की नज़र में एक हमीं हम हैं पागल
टूटा साहस धुँधली बटिया[1] रेत के तूदे[2] गाम-ब-गाम
वक्त का कोड़ा सड़-सड़ सड़-सड़ चीख़ रहा है चल सा चल
आज तो अपनी एक डगर है अपने सभी यारों से जुदा
अपना जहाँ अपना ही जहाँ है या जादू का गंगमहल
इस रुत में तो और भी उजड़ी लगती है मन की बगिया
कुम्हलाए सभी गुल-बूटे आशा की लता नैनों के कमल
बाग़ ने कितनी कलियाँ खोईं बस्ती तक पहुँची ख़ुशबू
आँख से कितने नीर बहे हैं दामन तक पहुँचा काजल
अक़्ल ने सौदा और किया है घाटा खा और मोल गँवा
बंजारे इस राह को छोड़, ऐ बंजारे इस पैंठ से चल
यानी इस बाज़ार में दिल को इक अंटी में बेच दिया
इस यूसुफ़ के दिल की कामना होनी थी इस तौर सफल
शहरे-जुनूँ से दश्ते-जुनूँ तक कितनी मसाफ़त[3] थी इंशा
एक हमीं लौट आए हैं वरना यार गए सब दूर निकल

---

1. रास्ता, 2. टीले, 3. दूरी

सराय

नगर पराया, चैत महीना, सूनी रात, सराय
दीवारों पर मैले-मैले फैले-फैले साए
आनेवाली कल का छलावा लपक-झपक दिखलाए
क्या-क्या स्वाँग रचाए

घड़ी की सूई, सदियाँ बीत चुकें तो एक बजाए
आस की बेल निहायत निरबल छाया से शरमाए
अंधा दीपक मतवाली पुरवा के थपेड़े खाए
काँप-काँप रह जाए

नीलम नील आकाश पे अपना पीला जाल बिछाए
मुग्धम[1] मुग्धम संदेशों से अपने पास बुलाए
चंचल चंदा दूर-दूर से देखे और मुस्काए
लेकिन हाथ न आए

दिल पर सोच, पुरानी बैरन रह-रह चोट लगाए
नाहक़ तुमने मंज़िल-मंज़िल पथ-पथ दीप जलाए
चार कोट बही घोर अँधेरा चार कोट अन्याय
दिन-दिन बढ़ता जाए

घों-घों घों-घों चरख़ी घूमे पत्ता शोर मचाए
शप-शप शप-शप पटों में लिपटी क़िस्मत चक्कर खाए
कहीं तो चक्की मोटा पीसे, मैदा कहीं बनाए
और कहीं थम जाए

टट्-टट् टट्-टट् बैल की जोड़ी घूमे सीस झुकाए
हल की नोक लकीरें खींचे, लेख के भेद बताए

---

1. भरे हुए

हलवाहा जहाँ सुब्ह समय था शाम को जब सुस्ताए
वहीं सितारे पाए

फिर ज़हरी बंबार फ़ज़ा पर झपटे और ग़ुर्राए
पूरब देस धुएँ का बादल आग पड़ा बरसाए
पच्छुम के गिद्धों के लश्कर आए पैर जमाए
लाशों पर मँडलाए

कभी उक़ाब[1] कभी स्वस्तिका इक आए इक जाए
जंग का लूका[2] घर खेती खलियान पड़ा झुलसाए
कहीं तो बे-रुत होली खेले, कहीं बसंत मनाए
रूप अनूप दिखाए

काल के काले-काले राछस चार कोट में छाए
अंतड़ियों में भूख की किरचें जहाँ-तहाँ हर जाए[3]
गोदामों पर ख़ोली पहले खोये से खोवा मिलाए
सँगीनें चमकाए

शहर का क़ाज़ी[4] फ़तवे छापे, गली-गली फैलाए
मोड़-मोड़ पर दुखिया गोरी याद के दीप जलाए
सोच रही है इतने दिन में कितने पाप कमाए
किसको गिनती आए

हम जागीर क़लम की लेकर क्या खोए क्या पाए
शब्द मनोहर, बोल कटीले, रम्ज़ें[5] और किनाए[6]
सब ग़ज़लों के कहनेवाले कवियों ने अपनाए
अपने हाथ न आए

---

1. एक शिकारी परिंदा, 2. जलती हुई लकड़ी, 3. जगह, 4. फ़ैसला देनेवाला, 5. सूक्ष्म कथन, 6. गूढ़ कथन

पीत की मीठी बातें छोड़ें, छोड़ें और पछताए
धरती के बेटों की बिपताओं के आल्हे गाए
चोरों के मानिंद बँधी मुश्कों में पकड़े आए
दीवाने कहलाए

यारों का एक ग़ोल छनाछन जेबों को छनकाए
इन लोगों ने चाकरियों में सस्ते टके कमाए
इंशा जैसे एक बार भटके तो हुए पराए
कोई न धोका खाए

नगर पराया, चैत महीना, सूनी रात, सराय
दीवारों पर मैले-मैले फैले-फैले साए
आनेवाली कल का भरोसा दिन-दिन उठता जाए
यारो, कोई उपाय!
यारो, कोई उपाय!!

1952

उदास रात के आँगन में

उदास रात के आँगन में रात की रानी
महक रही है—दिले-बेक़रार बात तो सुन
फ़लक पे निकला है पीला धुला-धुलाया चाँद
कहाँ से चल के कहाँ तक है देख आया चाँद
कोई ख़याल कोई याद आरज़ू कोई
बड़े बहाने थे जी के गुदाज़ करने को

मगर तू चुप है सरे-आग़ाज़े-शाम[1] से चुप है
शबे-अगस्त[2] के अफ़साना-ख़्वाँ[3] धुँधलके में
चटक रही है—पड़ी घोलती है वीरानी
उदास रात के आँगन में रात की रानी
घड़ी की सूइयाँ पैहम ख़राम[4] आमादा
मगर मुसाफ़िरे-शब ख़स्ता जान उफ़तादा[5]
गुज़रते वक़्त की वादी में एक मंज़िल पर
ठिठक गया है ग़ुबारे नजूम में खोकर
कि एक रेल की सीटी ख़मोश मद्धिम-सी
उजालती है तमन्ना की रहगुज़ारे-बईद[6]
सवादे-शह्र[7] की बस्ती का ये शिकस्ता पुल
गई बहार की बे-बर्गो-बार बेलों में
उलझ गया है—मगर पूछिए तो बेगाना

बुझा-बुझा-सा दिया कोई झिलमिलाता है
सवादे-शह्र की बस्ती की ख़ानक़ाह के पास
कि रफ़्तगाने-रहे-दूर का मुजाविर[8] है
ये रहगुज़ार वही जिससे सारबानों[9] का
अलस्सबा[10] गुज़रता है क़ाफ़िला कोई
तमाम रात पड़ी करवटें बदलती है
न जाने किसके ग़मे-इंतज़ार में बेचैन

---

1. संध्या के आरंभ से, 2. अगस्त की रात, 3. कहानी कहनेवाले, 4. मद्धिम गति, 5. विपत्ति में पड़ा हुआ, 6. दूर, 7. बड़ी आबादीवाला शहर, 8. खानक़ाह की देखभाल करनेवाला, 9. ऊँट पर सवार लोगों, 10. प्रभात-वेला में

बहुत मलूल बहुत ज़र्द हो चला नागाह[1]
अभी तो देखा था हमने धुला-धुलाया चाँद
कहाँ से आया है कैसा पयाम लाया चाँद
उजाड़ बस्तियों वीरान रास्तों में उदास
भटकनेवाले को अब भी सदाएँ आती हैं
गुज़रते क़दमों गुलूगीर[2] सर्द आहों की
मगर मुसाफ़िरे-शब कारवाने-रफ़्ता[3] में
किसी को किस तरह आवाज़े-पा[4] से पहचाने
ये लोग इसके लिए आशना[5] न बेगाने
गुज़र भी जा तू हमारी तरफ़ ठिठक के न देख
घुले मिले से नक़ूशे-ख़फ़ी[6] के अब्रे-रवाँ
कि वुसअते[7] हैं सेयह[8] आसमाँ की बेपायाँ[9]
तू कौन शहरे-वफ़ा का कोई पयामी है ?
तेरे जो दिल में कोई दाग़े नातमामी[10] है
शबे-अगस्त शबे-बेक़रार के महताब
शबे-दवाज़दहुम[11] के धुले-धुलाए चाँद
मेरे अज़ीज़[12] कहीं और जाके दस्तक दे
कि इस जवार[13] के लोगों को जानता है तू
कि यह नवाह[14] कई साल से है कम आबाद
रहा नहीं है मुहब्बत के काम का कोई
नहीं, यहाँ नहीं इंशा के नाम का कोई

1954

---

1. अचानक, 2. गले से लिपटी हुई, 3. चलता हुआ कारवाँ, 4. पदचाप, 5. परिचित, 6. छिपे हुए चिह्न, 7. विस्तार, 8. काला, 9. अंतहीन, 10. अनंत, 11. द्वादशी, 12. प्रिय, 13. इलाका, 14. आसपास का इलाक़ा

लब पर नाम किसी का भी हो

लब पर नाम किसी का भी हो दिल में तेरा नक़्शा है
ऐ तस्वीर बनानेवाली, जबसे तुझको देखा है
बे तेरे क्या वहशत हमको, तुम बिन कैसा सब्रो-सुकूँ
तू ही अपना शहर है जानी, तू ही अपना सहरा है
नीले परबत, ऊदी धरती, चारों कोट में तू ही तू
तुझसे अपने जी की ख़ल्वत,[1] तुझसे मन का मेला है
आज तो हम बिकने को आए, आज हमारे दाम लगा
यूसुफ़ तो बाज़ारे वफ़ा में, एक टके को बिकता है

ले जानी अब अपने मन के पैराहन की गिरहें खोल
ले जानी अब आधी शब है, चार तरफ़ सन्नाटा है
तूफ़ानों की बात नहीं है, तूफ़ाँ आते-जाते हैं
तू इक नर्म हवा का झोंका, दिल के बाग़ में ठहरा है
या तू आज हमें अपना ले, या तू आज हमारा बन
देख कि वक़्त गुज़रता जाए, कौन अबद[2] तक जीता है
फ़र्दा[3] महज़ फ़ुसूँ[4] का पर्दा, हम तो आज के बंदे हैं
हिज्रो-वस्ल, वफ़ा और धोका, सबकुछ आज पे रक्खा है

कल हमने सपना देखा है

कल हमने सपना देखा है
जो अपना हो नहिं सकता है
उस शख़्स को अपना देखा है

---

1. तन्हाई, 2. हमेशा, 3. आनेवाला कल, 4. जादू

वो शख़्स कि जिसकी ख़ातिर हम
इस देस फिरें, उस देस फिरें
जोगी का बनाकर भेस फिरें
चाहत के निराले गीत लिखें
जी मोहनेवाले गीत लिखें
धरती के महकते बाग़ों से
कलियों की झोली भर लाएँ
अंबर के सजीले मंडल से
तारों की डोली भर लाएँ
हाँ किसके लिए, सब उसके लिए
वह जिसके लब पर टेसू हैं
वह जिसके नैना आहू[1] हैं
जो ख़ार भी है और ख़ुशबू भी
जो दर्द भी है और दारू[2] भी
वो अल्हड़-सी, वो चंचल-सी
वो शाइर-सी, वो पागल-सी
लोग आप ही आप समझ जाएँ
हम नाम न उसका बतलाएँ
ऐ देखनेवालो तुमने भी
उस नार की पीत की आँचों में
इस दिल का तपना देखा है
कल हमने सपना देखा है

---

1. हिरन, 2. दवा

इक बार कहो तुम मेरी हो

हम घूम चुके बस्ती-बन में
इक आस का फाँस लिए मन में
कोई साजन हो, कोई प्यारा हो
कोई दीपक हो, कोई तारा हो
जब जीवन-रात अँधेरी हो
इक बार कहो तुम मेरी हो

जब सावन-बादल छाए हों
जब फागुन फूल खिलाए हों
जब चंदा रूप लुटाता हो
जब सूरज धूप नहाता हो
या शाम ने बस्ती घेरी हो
इक बार कहो तुम मेरी हो

हाँ दिल का दामन फैला है,
क्यों गोरी का दिल मैला है
हम कब तक पीत के धोखे में
तुम कब तक दूर झरोखे में
कब दीद[1] से दिल को सेरी[2] हो
इक बार कहो तुम मेरी हो

क्या झगड़ा सूद-ख़सारे[3] का
ये काज नहीं बंजारे का
सब सोना रूपा ले जाए
सब दुनिया, दुनिया ले जाए
तुम एक मुझे बहुतेरी हो
इक बार कहो तुम मेरी हो

---

1. दर्शन, 2. तृप्ति, 3. लाभ-हानि

उसी चाँद की खोज में

उस चाँद का दूर नगर में बसेरा रहने लगा
फिर शाम से अपने मन में अँधेरा रहने लगा
उजड़ी हुई गलियाँ, चुप-चुप पेड़ सताने लगे
दुखी जी के बहलने के सारे बहाने ठिकाने लगे
बड़ा तारों भरा सही, खूब बसा सही नील गगन
उसी चाँद की खोज में खोया रहे भटका हुआ मन

यहाँ रूप भी है, यहाँ रंग भी है यहाँ राग भी है
सबकुछ है मगर इस दिल में बिजोग की आग भी है
इस आग की आँच पे ख़ुद को हमेशा जलाया करें
हम सुब्ह तलक यूँ रात का साथ निभाया करें
इस आग के हाथों उजड़े नगर, आबाद हैं बन
क्यों चाँद की खोज में खोया रहे भटका हुआ मन

दिल आप ही आप में घुलता रहे फ़रियाद करे
क्या क़ौलो-क़रार हुए थे कहाँ तक याद करे
जब हमने कहा था, "देखना भूल न जाना हमें"
भला किसने कहा था, "समझो न तुम बेगाना हमें"
हमें याद रहा तुम्हें याद नहीं वह एक बचन
यहाँ चाँद की खोज में खोया रहे भटका हुआ मन

इक गोरी ने चाह की राह में लाकर छोड़ दिया
बड़ा क़हर किया भरी ज़िंदगी का रुख़ मोड़ दिया
सौ रूप यहाँ, हर रूप की एक अजब झलकी
किसी और में लेकिन बात कहाँ उस चंचल की

जिस चाँद ने जीवन-रात को बख़्शी एक किरन
उस चाँद की खोज में खोया रहे भटका हुआ मन

अब ख़त न सँदेशा, बातें न वो मुलाक़ातें हैं
बस जलते-सुलगते दिन हैं तो बेक़ल रातें हैं
और दिल का ये हाल कि और कुढ़े समझाने पर
हम आप बहुत हैरान हैं इस दीवाने पर
इस मन को लगा अंदर भी गहन,[1] बाहर भी गहन
क्यों चाँद की खोज में खोया रहे भटका हुआ मन

वो जो आख़िरी तोह्फ़ा आई थीं कलियाँ बेले की
इक रात में जो मुरझाई थीं कलियाँ बेले की
उन कलियों में वह बू-बास कहाँ, सब कहते हैं
हम उनको मगर सीने से लगाए रहते हैं
जब चाहें इन्हीं की सैर करें, यही अपना चमन
उसी चाँद की खोज में खोया रहे भटका हुआ मन

हर शाम यहाँ किसी देस के पंछी आया करें
पल-भर न रुकें, किसी देस नए चले जाया करें
कभी उनसे जो पूछें सजन का पता, कुछ उसकी ख़बर
कहें, "हम तो मियाँ सभी कोट फिरें, करें रोज़ सफ़र
यहाँ कौन सजन, यहाँ किसका सजन, यहाँ कैसा सजन ?
क्यों चाँद की खोज में खोया रहे भटका हुआ मन"

जब चैत महीने पैंठ[2] लगे बंजारों की
इन देस-देस के एलचियों[3] हरकारों की
इन्हें मीत बना यही बात जो पूछें पुछवाएँ

---

1. ग्रहण (जैसे चंद्रग्रहण), 2. बाजार, 3. डाकियों

यह लोग भी यकदम जी को मसोस के रह जाएँ
''बड़ी दूर रहा तेरे पी का नगर, रह उसकी कठिन
क्यों चाँद की खोज में खोया रहे भटका हुआ मन''

कभी पूछें मस्त चकोर पपीहे पागल से
कभी मतवाली घनघोर घटा के बादल से
कभी जंगल के हिरनौटों[1], बन की बेलों से
कभी पीरों, मस्त फ़क़ीरों, गुरुओं-चेलों से
''किस तौर बने उस पी का मिलन, करें कौन जतन
उस चाँद की खोज में खोया रहे भटका हुआ मन''

इस खेल में हाँ हम हार गए, वही जीत गए
वो जो दूर भुलाकर पीत गए, जुग बीत गए
अब जीते हैं पर इस ज़िंदगी में कोई रंग न रस
सुख-चैन की एक घड़ी को गई है ये जान तरस
बड़े ख़ूब हैं लोग कि ख़ुश हैं सदा और ख़ुद में मगन
यहाँ चाँद की खोज में खोया रहे भटका हुआ मन

अरे दोस्तो तुम हमें देखने नित यहाँ आया करो
उस बैरी सजन को भी जाके कभी समझाया करो
हर रोग का एक इलाज है रक्खा क़ुदरत ने
हर चीज़ जुड़े, हर चाक[2] सिले, हर बात बने
पर दिल के नगीने को तो बहुत है एक ही छन
बस चाँद की खोज में खोया रहे भटका हुआ मन

पड़ा ग़ज़लों की नींवें उठाता रहे है बिचारा कोई
दुखी गीतों के दीप जलाता रहे है बिचारा कोई

---

1. हिरन के बच्चों, 2. फटा हुआ हिस्सा

पर किसका क़ुसूर है—हमने तो उसको था समझाया
कोई इससे ये पूछे पीत में तुमने क्या पाया?
जुज़[1] एक लगन, जुज़ एक जलन, जुज़ एक दुखन
क्यों चाँद की खोज में खोया रहे भटका हुआ मन

दिल इक कुटिया दश्त किनारे

दुनिया-भर से दूर ये नगरी
नगरी दुनिया-भर से निराली
अंदर अरमानों का मेला
बाहर से देखो तो ख़ाली
हम हैं इस कुटिया के जोगी
हम हैं इस नगरी के वाली
हमने तज रक्खा है ज़माना
तुम आना तो तन्हा आना

दिल इक कुटिया दश्त[2] किनारे
बस्ती का-सा हाल नहीं है
मुखिया, पीर, पुरोहित, प्यादे
इन सबका जंजाल नहीं है
ना बनिए ना सेठ न ठाकुर
पैंठ नहीं, चौपाल नहीं है
सोना, रूपा, चौकी, मसनद
यह भी माल मनाल नहीं है
लेकिन यह जोगी दिलवाला

---

1. अलावा, 2. जंगल

ऐ गोरी कंगाल नहीं है
चाहो जो चाहत का ख़ज़ाना
तुम आना और तन्हा आना

आहू[1] माँगे बन का रमना
भौंरा चाहे फूल की डाली
सूखे खेत की कोंपल माँगे
इक घनघोर बदरिया काली

धूप जले कहीं साया चाहे
अंधी रातें दीप दिवाली
हम क्या माँगें हम क्या चाहें
होंठ सिले और झोली खाली
दिल भौंरा ना फूल न कोंपल
बगिया ना बगिया का माली
दिल आहू ना धूप न साया
दिल की अपनी बात निराली
दिल तो किसी दर्शन का भूखा
दिल तो किसी दर्शन का सवाली
नाम लिए बिन पड़ा पुकारे
किसे पुकारे दश्त किनारे ?

ये तो इक दुनिया को चाहें
इनको किसने अपना जाना
और तो सब लोगों के ठिकाने
इंशा जी का कौन ठिकाना ?

---

1. हिरन

अब भटकें तो आप ही भटकें
छोड़ा दुनिया को भटकाना
गीत कबित और नज़्में ग़ज़लें
यह सब इनका माल पुराना
झूठी बातें सच्ची बातें
बीती बातें क्या दुहराना
अब तो गोरी नए सिरे से
अँधियारों में दीप जलाना
मजबूरी ? कैसी मजबूरी ?
आना हो तो लाख बहाना
आना इस कुटिया के द्वारे
दिल इक कुटिया दश्त किनारे

फ़र्ज़ करो

फ़र्ज़ करो हम अह्ले वफ़ा हों, फ़र्ज़ करो दीवाने हों
फ़र्ज़ करो ये दोनों बातें झूठी हों अफ़साने हों
फ़र्ज़ करो ये जी की बिपता, जी से जोड़ सुनाई हो
फ़र्ज़ करो अभी और हो इतनी, आधी हमने छुपाई हो
फ़र्ज़ करो तुम्हें ख़ुश करने के ढूँढे हमने बहाने हों
फ़र्ज़ करो ये नैन तुम्हारे सचमुच के मयख़ाने हों
फ़र्ज़ करो ये रोग हो झूठा, झूठी पीत हमारी हो
फ़र्ज़ करो इस पीत के रोग में साँस भी हम पर भारी हो
फ़र्ज करो ये जोग बिजोग का हमने ढोंग रचाया हो
फ़र्ज़ करो बस यही हक़ीक़त बाक़ी सबकुछ माया हो

उस आँगन का चाँद

शाम समय इक ऊँची सीढ़ियोंवाले घर के आँगन में
चाँद को उतरे देखा हमने, चाँद भी कैसा? पूरा चाँद
इंशा जी इन चाहनेवाली, देखनेवाली आँखों ने
मुल्कों-मुल्कों, शहरों-शहरों, कैसा-कैसा देखा चाँद
हर इक चाँद की अपनी धज थी, हर इक चाँद का अपना रूप
लेकिन ऐसा रौशन-रौशन, हँसता बातें करता चाँद?
दर्द की टीस तो उठती थी, पर इतनी भी भरपूर कभी?
आज से पहले कब उतरा था दिल में इतना गहरा चाँद!
हमने तो क़िस्मत के दर से जब पाए अँधियारे पाए
यह भी चाँद का सपना होगा, कैसा चाँद? कहाँ का चाँद?

[2]

इंशा जी दुनियावालों में बे-साथी बे-दोस्त रहे
जैसे तारों के झुरमुट में तन्हा चाँद अकेला चाँद
इनका दामन इस दौलत से ख़ाली का ख़ाली ही रहा
वरना थे दुनिया में कितने चाँदी चाँद और सोना चाँद
जग के चारों कोट में घूमा सैलानी हैरान हुआ
इस बस्ती के इस कूचे के इस आँगन में ऐसा चाँद?
आँखों में भी चितवन में भी चाँद ही चाँद झलकते हैं
चाँद ही टीका, चाँद ही झूमर, चेहरा चाँद और माथा चाँद
एक ये चाँदनगर का बासी जिससे दूर रहा संजोग
वरना इस दुनिया में सबने चाहा चाँद और पाया चाँद

[3]

अंबर ने धरती पर फेंकी नूर की छींट उदास-उदास
आज की शब तो अंधी शब थी, आज किधर से निकला चाँद?
इंशा जी यह और नगर है, इस बस्ती की रीत यही
सबकी अपनी-अपनी आँखें, सबका अपना-अपना चाँद!
अपने सीने के मतला[1] पर जो चमका वो चाँद हुआ
जिसने मन के अँधियारे में आन किया उजियारा, चाँद
चंचल मुस्काती-मुस्काती गोरी का मुखड़ा महताब[2]
पतझड़ के पेड़ों में अटका पीला-सा इक पत्ता चाँद
दुख का दरिया, सुख का सागर इसके दम से देख लिए
हमको अपने साथ ही लेकर डूबा चाँद और उभरा चाँद

[4]

झुकी-झुकी पलकों के नीचे नमनाकी[3] का नाम न था!
यह काँटा जो हमें चुभा है काश तुझे भी चुभता चाँद
रौशनियों की पीली किरचें, पूरब-पच्छिम फैल गईं
तूने किस शै[4] के धोके में पत्थर पर दे पटका चाँद
हमने तो दोनों को देखा, दोनों ही बेदर्द कठोर
धरतीवाला, अंबरवाला, पहला चाँद और दूजा चाँद
चाँद किसी का हो नहिं सकता, चाँद किसी का होता है?
चाँद की ख़ातिर ज़िद नहिं करते, ऐ मेरे अच्छे इंशा चाँद

---

1. अंतरिक्ष (ऊपर), 2. चाँद, 3. गीलापन, 4. चीज़

दरवाज़ा खुला रखना

दिल दर्द की शिद्दत से ख़ूँगश्ता-सीपारा[1]
इस शहर में फिरता है इक वहशियो-आवारा
शाइर है कि आशिक़ है, जोगी है कि बंजारा
दरवाज़ा खुला रखना

सीने से घटा उट्ठे, आँखों से झड़ी बरसे
फागुन का नहीं बादल, जो चार घड़ी बरसे
बरखा है ये भादों की, बरसे तो बड़ी बरसे
दरवाज़ा खुला रखना

आँखों में तो इक आलम, आँखों में तो दुनिया है
होंठों पे मगर मुहरें, मुँह से नहीं कहता है
किस चीज़ को खो बैठा—क्या ढूँढने निकला है
दरवाज़ा खुला रखना

हाँ थाम मुहब्बत की गर थाम सके डोरी
साजन है, तेरा साजन, अब तुझसे तो क्या चोरी
ये जिसकी मुनादी है बस्ती में तेरी गोरी
दरवाज़ा खुला रखना

शिक्वों को उठा रखना, आँखों को बिछा रखना
इक शम्मा दरीचे की चौखट पे जला रखना
मायूस न फिर जाए, हाँ पासे-वफ़ा[2] रखना
दरवाज़ा खुला रखना
दरवाज़ा खुला रखना

---

1. ख़ून हो गया है और तीस टुकड़ों में बँट गया है, 2. भक्ति का लिहाज़

इंशा जी है नाम इन्हीं का

साँझ समय इक मस्त कोई यूँ गीत मनोहर गाता जाए
पल-पल बढ़ते अंधकार में ध्यान का दीप जलाता जाए
इक सम-सम से लाख झरोखे दर्शन के खुलवाता जाए
सारे जुग का रूप समेटे, झोली फिर फैलाता जाए
इकतारे का मेघदूत तानों का मेंह बरसाता जाए
चंचलता, मुस्कान, मधुरता, क्या-क्या फूल खिलाता जाए
जाने किस बस्ती, किस परबत, किस बन को मदमाता जाए
क़दमों की पहचान मिटाता, राहों को उलझाता जाए
जग के भेद उजागर करता, अपने भेद छिपाता जाए
गीतों की ज्वाला भड़काता, तन-मन को पिघलाता जाए
बीती घड़ियों की यादों के तीरों से बिरमाता जाए
भटकाता, बहलाता, बेकल करता, धीर बँधाता जाए

इंशा जी है नाम इन्हीं का, चाहो तो इनसे मिलवाएँ
इनकी रूह दहकता लावा, हम तो इनके पास न जाएँ
ये जो लोग बनों में फिरते, जोगी-बैरागी कहलाएँ
इनके हाथ अदब से चूमें, इनके आगे सीस नवाएँ
ना ये लाल जटाएँ राखें, ना ये अंग भभूत रमाएँ
ना ये गेरू रंग फ़क़ीरी चोला पहन-पहन इतराएँ
बस्ती से गुज़रें तो सारे पनघट की सुंदर बालाएँ
इनकी प्यास बुझाने को ख़ुद उमड़-घुमड़ बादल बन जाएँ
नगरी-नगरी घूमनेवालों में इनकी मशहूर कथाएँ
वैसे बात करो तो लाज के मारे आँखें झुक-झुक जाएँ
ना इनकी गुदड़ी में ताँबा पैसा ना मनके मालाएँ
प्रेम का कासा,[1] रूप की शिक्षा, गीत ग़ज़ल दोहे कविताएँ

1. प्याला

जोग-बिजोग की बातें झूठी सब जी का बहलाना हो
फिर भी हमसे जाते-जाते एक ग़ज़ल सुन जाना हो
सारी दुनिया अक़्ल की बैरी, कौन यहाँ पर सयाना हो
नाहक़ नाम धरें सब हमको, दीवाना दीवाना हो
नगरी-नगरी लाखों द्वारे हर द्वारे पर लाख सख़ी[1]
लेकिन जब हम भूल चुके हैं दामन का फैलाना हो
सात समंदर पार की गोरी! खेल ज़रा करतार के देख
हमको था इस शहर में मिलना, उसको था मिलवाना हो
तेरे ये क्या जी में आई, खींच लिए शरमा के होंठ
हमको ज़हर पिलानेवाली, अमरित भी पिलवाना हो
सावन बीता भादों बीता, उजड़े-उजड़े मन के खेत
कोयल अब तो कूक उठाना, मेघ मेंह बरसाना हो
एक ही सूरत, एक ही चेहरा, बस्ती, परबत, जंगल, पैंठ[2]
और किसी के अब क्या होंगे, छोड़ हमें भटकाना हो
हम भी झूठे तुम भी झूठे, एक उसी का सच्चा नाम
जिससे दीप का जलना सीखा, परवाना जल जाना हो
सीधे मन को आन दबोचें, मीठी बातें सुंदर बोल
'मीर' 'नज़ीर' 'कबीर' और 'इंशा' सारा एक घराना हो

बस्ती में दीवाने आए

बस्ती में दीवाने आए
छब अपनी दिखलाने आए
देख तेरे दर्शन के लोभी
करके लाख बहाने आए

---

1. दाता, 2. बाज़ार

पीत की रीत निभानी मुश्किल
पीत की रीत निभाने आए
उठ और खोल झरोखा गोरी
सब अपने-बेगाने आए
पीर, पुरोहित, मुल्ला, मुखिया
बस्ती के सब सयाने आए
ताने, मेहने, ईंटें-पाथर
साथ लिए नज़राने आए
सब तुझको समझानेवाले
आज इन्हें समझाने आए
अब लोगों से कैसी चोरी?
उठ और खोल झरोखा, गोरी
दर्शन की बरखा बरसा दे
इन प्यासों की प्यास बुझा दे
और किसी के द्वार न जावें
ये जो इंशा जी कहलावें
तुझको खोकर दुनिया खोए
हमसे पूछो कितना रोए
जग के हों धुतकारे साजन
तेरे तो वहि[1] प्यारे साजन
गोरी रोके लाख ज़माना
इनको आँखों में बिठलाना
बुझती जोत जगानेवाले
ईंटें - पाथर खानेवाले
अपने नाम को रुस्वा करके
तेरा नाम छुपानेवाले
सब कुछ बूझे सब कुछ जाने

1.वही

अनजाने बन जानेवाले
तुझसे जी की बात कहें क्या
अपने से शरमानेवाले
करके लाख बहाने आए
जोगी अलख जगाने आए

देख न टूटे पीत की डोरी
उठ और खोल झरोखा, गोरी!

इस बस्ती के इक कूचे में

इस बस्ती के इक कूचे में, इक इंशा नाम का दीवाना
इक नार पे जान को हार गया, मशहूर है उसका अफ़साना

उस नार में ऐसा रूप न था, जिस रूप से दिन की धूप दबे
इस शहर में क्या-क्या गोरी है, महताब रुख़े गुलनार लबे[1]?
कुछ बात थी उसकी बातों में, कुछ भेद थे उसकी चितवन में
वही भेद, कि जोत जगाते हैं, किसी चाहनेवाले के मन में
उसे अपना बनाने की धुन में, हुआ आप ही आप से बेगाना
इस बस्ती के इक कूचे में, इक इंशा नाम था दीवाना

ना चंचल खेल जवानी के, ना प्यार की अल्हड़ घातें थीं
बस राह में उनका मिलना था, या फ़ोन पे उनकी बातें थीं
उस इश्क़ पे हम भी हँसते थे, बे हासिल-सा बेहासिल था
इक ज़ोर बिफरते सागर में, ना किश्ती थी ना साहिल था
जो बात थी इनके जी में थी, जो भेद था यक्सर अनजाना
इस बस्ती के इक कूचे में, इक इंशा नाम था दीवाना

---

1. ऐ चाँद जैसे चेहरे और गुलनार जैसे होठोंवाली

इक रोज़ मगर बरखा रुत में, वह भादों थी या सावन था
दीवार पे बीच समंदर के, यह देखनेवालों ने देखा
मस्ताना हाथ में हाथ दिए, ये एक कगर पर बैठे थे
यूँ शाम हुई फिर रात हुई, जब सैलानी घर लौट गए
क्या रात थी वो—जी चाहता है, उस रात पे लिक्खें अफ़साना
इस बस्ती के इक कूचे में, इक इंशा नाम था दीवाना

हाँ उम्र का साथ निभाने के, थे अहद बहुत पैमान बहुत
वो जिन पे भरोसा करने में, कुछ सूद नहीं नुक़सान बहुत
वह नार ये कहकर दूर हुई—मजबूरी, साजन मजबूरी
ये वहशत से रंजूर[1] हुए और रंजूरी-सी रंजूरी?
उस रोज़ हमें मालूम हुआ, इस शख़्स का मुश्किल समझाना
इस बस्ती के इक कूचे में, इक इंशा नाम था दीवाना

गो आग से छाती जलती थी, गो आँख से दरिया बहता था
हर एक से दुख नहिं कहता था, चुप रहता था ग़म सहता था
नादान हैं वो जो छेड़ते हैं, इस आलम में नादानों को
इस शख़्स से एक जवाब मिला, सब अपनों को बेगानों को
कुछ और कहो तो सुनता हूँ—इस बाब[2] में कुछ मत फ़रमाना
इस बस्ती के इक कूचे में, इक इंशा नाम था दीवाना

अब आग का तहक़ीक़ नहीं, गो सुनने को हम सुनते थे
उस नार की जो-जो बातें थीं, उस नार के जो-जो क़िस्से थे
इक शाम जो उसको बुलवाया, कुछ समझाया बेचारे ने
उस रात ये क़िस्सा पाक किया, कुछ खा ही लिया दुखियारे ने
क्या बात हुई, किस तौर हुई, अख़बार से लोगों ने जाना
इस बस्ती के इक कूचे में, इक इंशा नाम था दीवाना

---

1. दुःखी, 2. विषय, अध्याय

हर बात की खोज तो ठीक नहीं, तुम हमको कहानी कहने दो
उस नार का नाम-मक़ाम है क्या, इस बात पे परदा रहने दो
हमसे भी तो सौदा[1] मुमकिन है, तुमसे भी जफ़ा[2] हो सकती है
ये अपना बयाँ हो सकता है, ये अपनी कथा हो सकती है
वो नार भी आख़िर पछताई, किस काम का ऐसा पछताना ?
इस बस्ती के इक कूचे में, इक इंशा नाम था दीवाना

फिर वही दश्त…

हो न दुनिया में कोई हम-सा भी प्यासा लोगो
जी में आती है कि पी जाएँ ये दरिया लोगो
कितनी इस शहर के सख़ियों[2] की सुनी थीं बातें
हम जो आए तो किसी ने भी न पूछा लोगो
इत्तिफ़ाक़न ही सही, पर कोई दर तो खुलता
झिलमिलाता पसे-चिलमन कोई साया लोगो
सबके सब मस्त रहे अपने निहाँख़ानों में
कोई कुछ बात मुसाफ़िर की भी सुनता लोगो

होंगे इस शहर में कुछ इसके भी पढ़नेवाले
यूँ तो ये शख़्स भी मशहूर था ख़ासा लोगो
किसी दामन, किसी आँचल की हवा तो मिलती
जब सरे-राह ये वामाँदा[4] गिरा था लोगो

एक तस्वीर थी, क्या जानिए किसकी तस्वीर
नक्श मौहूम[5] से और रंग उड़ा-सा लोगो

---

1. पागलपन, 2. अत्याचार, 3. दानियों, 4. थका हुआ, 5. भ्रामक

एक आवाज़ थी, क्या जानिए किसकी आवाज़
उसने आवाज़ का रिश्ता भी न रक्खा लोगो

कुछ पता उसका हमें हो तो तुम्हें बतलाएँ
कौन घर? कौन नगर? कौन मुहल्ला लोगो?
चंद हर्फ़ों का मुअम्मा[1] वो उलझा-सुलझा
उसने तो नाम भी अपना न बताया लोगो

हाय ये दर्द कि मुश्किल से थमा था दिल में
चाँद पूनम का! अभी से निकल आया लोगो?
फिर वही दश्त, वही दश्त की तन्हाई है
वहशते-दिल ने कहीं का भी न रक्खा लोगो
उसमें हिम्मत है तो दर आए, उठा दे ये हिसार[2]
अपने गुंबद में तो दर है न दरीचा लोगो
जी की जी ही में रहें हसरतें तूफ़ानों की
ये सफ़ीना तो किनारे ही पे डूबा लोगो

आज की डाक से क्या कोई लिफ़ाफ़ा आया
कैसी सरगोशियाँ करते हो, अरे क्या लोगो?
कोई पैग़ामे-ज़बानी भी नहीं, कुछ भी नहीं
हमने अपने को बहुत देर सँभाला लोगो
बंद आँखें हुई जाती हैं, पसारें पाँव
नींद-सी नींद? हमें अब न उठाना लोगो
एक ही शब है तवील, इतनी तवील इतनी तवील
अपने अय्याम[3] में इमरोज़[4] न फ़र्दा[5] लोगो

---

1. पहेली, 2. घेरा, 3. दिनों, 4. आज का दिन, 5. आनेवाला कल

अब कोई आए तो कहना कि "मुसाफ़िर तो गया"
ये भी कहना कि "भला अब भी न जाता लोगो"
राह तकते हुए पथरा-सी गई थीं आँखें
आह भरते हुए छलनी हुआ सीना लोगो
होंठ जलते थे जो लेता था कभी आप का नाम
इस तरह और किसी को न सताना लोगो

इक पत्ता, इक जोगी

पत्ता काँपा
डाल से टूटा
जोगी की झोली में गिरा
ऐ जोगी तू कौन ?

किस जंगल से आया है तू
किस बस्ती का जाया है तू
पत्ते में क्या देखा तूने
पत्ते को क्यों चूमा तूने
क्यों इसको सीने से लगाया
क्यों ये तेरी गोद में आया
नगरी-नगरी घूमनेवाले
ऐ जोगी—तू कौन ?

ऐ पत्ते, ऐ काँपते पत्ते
क्यों ये जोगी, रमता जोगी

जिसकी अपनी दुनिया होगी
सपनों में खोया, मतवाला
बर[1] में कफ़नी, कान में बाला
बस्तियों से बचता-कतराता
वीरानों में अलख जगाता
इस उजड़ी बगिया में आया
जिस बगिया में धूप न साया
कोई पुरानी पीत निबाहे
क्यों ये एक तुझी को चाहे
ऐ पत्ते तू कौन?

ना अपने को पत्ता जाने
ना खुद को जोगी पहचाने
दोनों प्यासे दोनों हाँफें
इक-दूजे की गोद में काँपें
दोनों इक-दूजे में समाए
किससे पूछें, कौन बताए?
ऐ पत्ते तू कौन?
ऐ जोगी तू कौन?

आती है पवन, जाती है पवन

जोगी का बनाकर भेस फिरे
बिरहन है कोई चौदेस फिरे
सीने में लिए सीने की दुखन
आती है पवन, जाती है पवन

1. ऊपर

फूलों ने कहा, काँटों ने कहा
कुछ देर ठहर, दामन न छुड़ा
पर इसका चलन, वह्शी का चलन
आती है पवन, जाती है पवन

इसका तो कहीं मसकन[1] न मकाँ
आवारा-ब-दिल आवारा-ब-जाँ
लोगों के हैं घर, लोगों के वतन
आती है पवन, जाती है पवन

यहाँ कौन पवन की निगाह में है
वो जो राह में है बस राह में है
परबत कि नगर, सहरा[2] कि चमन
आती है पवन, जाती है पवन

रुकने की नहीं जा,[3] उठ भी चुको
इंशा जी चलो हाँ तुम भी चलो
और साथ चले दुखता हुआ मन
आती है पवन, जाती है पवन

या तो ये शख़्स

सुब्ह की पहली किरन ओस में भीगी सिमटी
हमसे कहती है, अरे जाग ज़माना जागा
आज क्या उसकी नज़र में थी लगावट कोई
ये जो सपना है इन आँखों में सुहाना जागा

1.ठिकाना, रिहाइश, 2. रेगिस्तान, 3. जगह

या किसी दूर के सहरा का बुलावा पाकर
जी में है और भटकने का बहाना जागा
महमिलों[1] वालो कोई देर रुको तो देखो
किससे खुशबूए-वफ़ा पाके दिवाना जागा
हर तरफ़ चीर गया वक़्त के सन्नाटे को
सरसरे-इश्क़ का वह शोर पुराना जागा

ख़ैर अब ख़ारे-मोग़ीलाँ[2] ही को मुज़्दा[3]—यानी
क़िस्मते-क़ैस है फिर दश्ते-तमन्ना लोगो
ये उसी गीत की बख़्शिश है कि शब हमने सुना
दर्दे-बेनाम कि थामे नहीं थमता लोगो
रिश्ता-ए-जज्ब में ज़ंजीर तो करना चाहें
पर ये मोती कि रहे दूर डलकता लोगो
या तो ये शख़्स सराबों[4] का-सा धोका होगा
या कोई ताल समंदर से भी गहरा लोगो

ऐ सूरज की दोशीज़ा किरन

ऐ सूरज की दोशीज़ा[5] किरन
तुमने तो कहा था आओगी
ये अंधी काली रातों का
सब चीर अँधेरा आओगी
हाँ ले के सवेरा आओगी

---

1. ऊँट पर बँधी हुई डोली ('महमिल' से प्राय: यह बोध होता है कि उसमें लैला बैठी है), 2. बबूल का काँटा, 3. शुभ संवाद, 4. मरीचिका, 5. क्वाँरी

हम शब-भर जागे, बैठ रहे
जब ओस ने चादर फैलाई
जब चाँद ने झलकी दिखलाई
जब अंबर पर तारे चमके
जब जंगल में जुगनू दमके
और बादल-बादल घिर आई
इक ज़ालिम-ज़ालिम तन्हाई
फिर हमने इक सपना देखा
फिर हमने इक धोका खाया
ऐ सूरज की दोशीज़ा किरन

तुम कौन-से दर्द का दरमाँ थीं
तुम आतीं तो क्या बुझ जातीं
ये प्यास हमारे होंठों की
ये प्यास हमारे सीने की
ये प्यास बदन की चाहत की

तुम आ जातीं तो क्या होता ?
दिल फिर भी यूँ ही तन्हा होता
इन प्यासों का प्यासा होता
ये जैसा है वैसा होता

या मुमकिन है इतना होता
ये तुमसे लिपट रोया होता
ऐ सूरज की दोशीज़ा किरन

क्या धोका देने आओगी

हम बंजारे दिलवाले हैं
और पैंठ में डेरे डाले हैं
तुम धोका देनेवाली हो
हम धोका खानेवाले हैं
इसमें तो नहीं शरमाओगी ?
क्या धोका देने आओगी ?

सब माल निकालो, ले आओ
ऐ बस्तीवालो, ले आओ
ये तन का झूठा जादू है
ये मन की झूठी ख़ुशबू है
ये ताल बनाते आँसू भी
ये जाल बिछाते गेसू भी
ये लरज़िश डोलते सीने की
पर सच नहीं बोलते सीने की
ये होंठ भी, हमसे क्या चोरी
क्या सचमुच झूठे हैं गोरी
इन रम्ज़ों[1] में इन घातों में
इन वादों में इन बातों में
कुछ खोट हक़ीक़त का तो नहीं ?
कुछ मैल सदाक़त[2] का तो नहीं ?
ये सारे धोके ले आओ
ये प्यारे धोके ले आओ

---

1. सूक्ष्म बात, 2. सच्चाई, मुहब्बत

क्यों रक्खो खुद से दूर हमें
जो दाम कहो, मंज़ूर हमें

इन काँच के मनकों के बदले
हाँ बोलो गोरी क्या लोगी
तुम एक जहान की अशरफ़ियाँ?
या दिल और जान की अशरफ़ियाँ?

ये कौन आया

इंशा जी ये कौन आया, किस देश का बासी है
होंठों पे तबस्सुम है, आँखों में उदासी है
ख़्वाबों के गुलिस्ताँ की, खुशबूए-दिलारा[1] है
या सुब्हे तमन्ना के माथे का सितारा है
तरसी हुई नज़रों को अब और न तरसा रे
ऐ हुस्न के सौदागर, ऐ रूप के बंजारे
रमना दिले-इंशा का अब तेरा ठिकाना हो
अब कोई भी सूरत हो अब कोई बहाना हो

ख़ाकस्तरे-दिल[2] को है फिर शोला-ब-जाँ होना
हैरत का जहाँ होना, हसरत का निशाँ होना
ऐ शख़्स जो तू आकर यूँ दिल में समाया है
तू दर्द कि दरमाँ[3] है, तू धूप कि साया है
नैना तेरे जादू हैं, गेसू तेरे खुशबू हैं
बातें किसी जंगल में भटका हुआ आहू[4] हैं
मक़सूदे-वफ़ा सुन ले, क्या साफ़ है सादा है
जीने की तमन्ना है, मरने का इरादा है

---

1. चित्ताकर्षक, 2. दिल की राख, 3. इलाज, 4. हिरन

ये बातें झूठी बातें हैं

ये बातें झूठी बातें हैं ये लोगों ने फैलाई हैं
तुम इंशा जी का नाम न लो, क्या इंशा जी सौदाई[1] हैं?

हैं लाखों रोग ज़माने में, क्यों इश्क़ है रुस्वा बेचारा
हैं और भी वजहें वहशत[2] की, इंशा को रखतीं दुखियारा
हाँ बेकल-बेकल रहता है, हो पीत में जिसने जी हारा
पर शाम से लेकर सुब्ह तलक, यूँ कौन फिरेगा आवारा?
ये बातें झूठी बातें हैं, ये लोगों ने फैलाई हैं
तुम इंशा जी का नाम न लो, क्या इंशा जी सौदाई हैं?

ये बात अजीब सुनाते हो, वो दुनिया से बेआस हुए
इक नाम सुना और ग़श खाया, इक ज़िक्र पे आप उदास हुए
वो इल्म में अफ़लातून बने, वो शेर में तुलसीदास हुए
वो तीस बरस के होते हैं, वो बी.ए. एम.ए. पास हुए
ये बातें झूठी बातें हैं, ये लोगों ने फैलाई हैं
तुम इंशा जी का नाम न लो, क्या इंशा जी सौदाई हैं?

गर इश्क़ किया है तब क्या है, क्यों शाद[3] नहीं आबाद नहीं
जो जान लिए बिन टल न सके, ये ऐसी भी उफ़ताद[4] नहीं
ये बात तो तुम भी मानोगे, वो क़ैस नहीं, फ़रहाद नहीं
क्या हिज्र का दारू[5] मुश्किल है, क्या वस्ल के नुस्खे याद नहीं
ये बातें झूठी बातें हैं, ये लोगों ने फैलाई हैं
तुम इंशा जी का नाम न लो, क्या इंशा जी सौदाई हैं?

वो लड़की अच्छी लड़की है, तुम नाम न लो हम जान गए
वो जिसके लाँबे गेसू हैं, पहचान गए पहचान गए

---

1. पागल, 2. घबराहट, 3. प्रसन्न, 4. अचानक आई हुई विपत्ति, 5. दवा

हाँ साथ हमारे इंशा भी उस घर में थे मेहमान गए
पर उससे तो कुछ बात न की, अनजान रहे अनजान गए
ये बातें झूठी बातें हैं, ये लोगों ने फैलाई हैं
तुम इंशा जी का नाम न लो, क्या इंशा जी सौदाई हैं?

जो हमसे कहो हम करते हैं, क्या इंशा को समझाना है?
उस लड़की से भी कह लेंगे, गो अब कुछ और ज़माना है
या छोड़ें या तक्मील[1] करें, ये इश्क़ है या अफ़साना है?
ये कैसा गोरखधंधा है, ये कैसा ताना-बाना है?
ये बातें कैसी बातें हैं जो लोगों ने फैलाई हैं
तुम इंशा जी का नाम न लो, क्या इंशा जी सौदाई हैं?

सुख चाहो तो

फ़र्श पे बैठे इक जोगी ने अर्श के चाँद पे हारा जी
शे'र हमारे सुननेवालो, रखियो जान से प्यारा जी
हर बस्ती हर घर पर चंचल चाँद ने चेहरा चमकाया
इस जोगी के हिस्से में पर घोर अँधेरा ही आया
मतवाले ने सपनों के तागों की चादर फैलाई
उजियारा तो क्या मिलता जग ने ठहराया सौदाई
यारों ने सौ-सौ जतनों से समझाया नाकाम हुए
जोगी जी दामन ही दामन फैलाए बदनाम हुए
दूर उफ़ुक़[2] पर चंदा पल-भर ठिठका, हँसकर डूब गया
इंशा (हाँ वो रमता जोगी) दुनिया से महजूब[3] गया

अब लोगो बतलाओ—सुख में अच्छा या दुखियारा जी
सुख चाहो तो पीत न कीजो, रखियो जान से प्यारा जी

---

1. पूर्णता को पहुँचाना 2. गोधूलिवाला आकाश, 3. वंचित, लज्जित

एक लड़का

एक छोटा-सा लड़का था मैं जिन दिनों
एक मेले में पहुँचा हुमकता हुआ
जी मचलता था एक-एक शै पर मगर
जेब ख़ाली थी कुछ मोल ले न सका
लौट आया लिए हसरतें सैकड़ों
एक छोटा-सा लड़का था मैं जिन दिनों

ख़ैर महरूमियों के वो दिन तो गए
आज मेला लगा है इसी शान से
आज चाहूँ तो इक-इक दुकाँ मोल लूँ
आज चाहूँ तो सारा जहाँ मोल लूँ
नारसाई[1] का जी में धड़का कहाँ?
पर वो छोटा-सा अल्हड़-सा लड़का कहाँ?

दिल आशोब[2]

यूँ कहने को राहें मुल्के वफ़ा की उजाल गया
इक धुंध मिली जिस राह में पीके-ख़याल[3] गया
फिर चाँद हमें किस रात की गोद में डाल गया

हम शहर में ठैरें, ऐसा तो जी में रोग नहीं
और बन भी हैं सूने, उनमें भी हम-से लोग नहीं
और कूचे को तेरे लौटने का तो सवाल नहीं

---

1. असमर्थता, 2. दुःख, 3. विचारों का डाकिया

तेरे लुत्फ़ो-अता की धूम सही महफ़िल-महफ़िल
इक शख़्स था इंशा नाम मुहब्बत में कामिल
ये शख़्स यहाँ पामाल रहा, पामाल गया

तेरी चाह में देखा हमने बहाले-ख़राब इसे
पर इश्क़ो-वफ़ा के याद रहे आदाब इसे
तेरा नामो-मक़ाम जो पूछा, हँसकर टाल गया

इक साल गया, इक साल नया है आने को
पर वक़्त की भी अब होश नहीं दीवाने को
दिल हाथ से इसके वहशी हिरन की मिसाल गया

हम अह्ले वफ़ा रंजूर सही मजबूर नहीं
और शह्रे वफ़ा से दश्ते-जुनूँ कुछ दूर नहीं
हम ख़ुश न सही, पर तेरे तो सर का बबाल नहीं

अब हुस्न के गढ़ और शह्र पनाहें सूनी हैं
वो जो आशना थे उन सबकी निगाहें सूनी हैं
पर तू जो गया, हर बात का जी से मलाल गया

माज़ी के ख़राबे की…

माज़ी[1] के ख़राबे[2] की
मिहराबे-शिकस्ता[3] पर
इक नाम जो कुंदा[4] है
क्या नाम है किसका है ?

---

1. अतीत, 2. खंडहर, 3. टूटी हुई मिहराब, 4. खुदा हुआ

ना साल न सिन[1] इसमें
ना रात न दिन इसमें
तस्वीर नहीं कोई
तह्रीर नहीं कोई
ना तीर का नक़्शा है
ना पान का पत्ता है
अहवाल मुसाफ़िर का
पिन्हाँ[2] है न पैदा है
क्या जानिए कब कोई
किस देस से आया हो
अपनों से वो ग़मदीदा
वहशत में पराया हो
किस हाल में रहता हो
क्या भेस बनाया हो
बादल हो कि बिजली हो
वह धूप कि साया हो
जोगी हो कि बंजारा.
राजा कि रिआया हो
जिस रोज़ से दिल उसने
दुनिया से उठाया हो
किस-किस से लगाया हो
और दर्द ही पाया हो
माज़ी के ख़राबे की
मिहराबे-शिकस्ता पर
इस नक़्श से क्या मतलब ?

---

1. उम्र, अवधि, 2. गुप्त

इस हर्फ़ के क्या मानी ?
यह नाम मिटा डालो
बेनाम बना डालो
हाँ अजनबी इंशा को
आवारा व रुस्वा को

घूम रहा है पीत का प्यासा

देख तो गोरी किसे पुकारे
बस्ती - बस्ती द्वारे - द्वारे
बर[1] में झोली हाथ में कासा[2]
घूम रहा है पीत का प्यासा

दिल में आग दबी है डर ना
आँखों में अश्कों का झरना
लब पर दर्द का बारहमासा
घूम रहा है पीत का प्यासा

काँटों से छलनी हैं पाँव
धूप मिली चेहरे पर छाँव
आस मिली आँखों में निरासा
घूम रहा है पीत का प्यासा

बात हमारी मान के गोरी
सब दुनिया से चोरी-चोरी

---

1. बग़ल, 2. प्याला

घूँघट का पट खोल ज़रा-सा
घूम रहा है पीत का प्यासा

सूरत है इंशा जी की-सी
बाल परीशाँ[1] आँखें नीची
नाम भी कुछ इंशा जी का-सा
घूम रहा है पीत का प्यासा

सोच नहीं साजन को बुला ले
आगे बढ़ सीने से लगा ले
तुझ बिन दे इसे कौन दिलासा
घूम रहा है पीत का प्यासा

साँझ भई चौदेस

[1]

(दिल को कई कहानियाँ याद-सी आके रह गईं)

हमने भला कभी सोचा किसी का
इंशा जी क्यों ध्यान आया किसी का
सीने में यादों की ज्वाला-सी भड़की
आँखों के आगे है चेहरा किसी का
किसका है तुम लोग जानो तो जानो ?
हमसे न पूछो, होगा किसी का
बातें करें लोग किस मूरती की

---

1. बिखरे हुए

श्रद्धा का मंदिर टूटा किसी का
परदेस जाकर पूछा किसी ने
हाल आके वापस देखा किसी का
सीने पे चरके[1] बैरी बिरह के
आँखों से बहता दरिया किसी का
सूरत मनोहर, बातें रसीली
आगे था धोखा ही धोखा किसी का
"हम अज़्नबी हैं, हमसे न मिलना"
अपना बनाकर कहना किसी का

[2]

(इक मस्ताना फिर दानी तेरी नगरी विच)

माँगा मिलन और पाई फ़क़ीरी
गलियों में घूमे रमता किसी का
बेचैन-बेचैन ख़ामोश-ख़ामोश
ये जो था इक रोज़ प्यारा किसी का
आँखों पे इसके मुहरें किसी की
होंठों पे इसके पहरा किसी का
प्यास बहुत पर प्याला न मदिरा
ऐसा न हो मधुशाला किसी का
सहरा, जुनूँ और काँटे तो इसके
लैला किसी की, नाक़ा[2] किसी का
रातों का अंधेर इसकी कमाई

1. घाव, 2. ऊँट

तारे किसी के, चंदा किसी का
हैरत ही हैरत हसरत ही हसरत
भिक्षा से पुर है कासा किसी का

[3]

(ये ज़िल्लते इश्क़ तेरे हाथों / ऐ दोस्त तुझे कहाँ छुपा लें)

सखियाँ न सावन, भादों न बरखा
बगिया न बगिया में फूलों के थाले
तू जो नहीं है तो हम भी कहाँ हैं
आता है क्यों याद, याद आनेवाले
महका करें तेरे जूड़े की कलियाँ
बुनती रहें तेरी ख़ुशबू के जाले
जागा करे तेरे जलवों का जादू
सँवला गए जब मन के उजाले
हाथों की मेंहदी बाँहों के कंगन
माथे की बिंदी कानों के बाले
अब्रू[1] का लहराव, होंठों की मुस्कान
तेरे खिलौने तेरे हवाले
होती कभी तो ये पीत सुहागन
डोली न बारात, चौथी[2] न चाले[3]
बिखरे हैं वो तेरे वादों के मोती
इनकी उठा और सुमिरन[4] बना ले
इंशा मियाँ चल ख़ुसरो के पीछे
साँझ भई मेरी जाँ, मेरे लाले

---

1. भौंह, 2. विवाह की एक रस्म, 3. (संभवत: यह भी कोई रस्म हो), 4. माला

[4]

(...मा मुक़ीमाने कूचे दिल दारीम)

जाएँ कहाँ कहीं घर हो तो जाएँ
हम तो उन्हीं के जो हमको बुलाएँ

लोग हमें नाहक़ समझाएँ
हम तो उन्हीं के जो हमको बुलाएँ
उनके सितम पड़े याद दिलाएँ
हम तो उन्हीं के जो हमको बुलाएँ
और कोई उन-सा दिखलाएँ
हम तो उन्हीं के जो हमको बुलाएँ
हम न अबस[1] जी को भटकाएँ
हम तो उन्हीं के जो हमको बुलाएँ
उनके हुए उनके कहलाएँ
हम तो उन्हीं के जो हमको बुलाएँ

सब माया है

सब माया है सब ढलती-फिरती छाया है
इस इश्क़ में हमने जो खोया या पाया है
जो तुमने कहा है 'फ़ैज़' ने जो फ़रमाया है
सब माया है

हाँ गाहे-गाहे दीद की दौलत हाथ आई
या एक वो लज़्ज़त नाम है जिसका रुस्वाई

1. व्यर्थ

बस इसके सिवा तो जो भी सवाब कमाया है
सब माया है

इक नाम तो बाक़ी रहता है मर जान नहीं
जब देख लिया इस सौदे में नुक़सान नहीं
तब शम्मा पे देने जान पतंगा आया है
सब माया है

मालूम हमें सब क़ैस मियाँ का क़िस्सा भी
सब एक-से हैं, ये राँझा भी ये इंशा भी
फ़रहाद भी जो इक नह्र-सी खोद के लाया है
सब माया है

क्यों दर्द के नामे लिखते-लिखते रात करो
जिस सात समंदर पार की नार की बात करो
उस नार से कोई एक ने धोखा खाया है?
सब माया है

जिस गोरी पर हम एक ग़ज़ल हर शाम लिखें
तुम जानते हो हम क्योंकर उसका नाम लिखें
दिल उसकी भी चौखट चूम के वापस आया है
सब माया है

वो लड़की भी जो चाँदनगर की रानी थी
वो जिसकी अल्हड़ आँखों में हैरानी थी
आज उसने भी पैग़ाम यही भिजवाया है
सब माया है

जो लोग अभी तक नाम वफ़ा का लेते हैं
वो जान के धोखे खाते धोखे देते हैं

हाँ ठोंक-बजाकर हमने हुक्म लगाया है
सब माया है

जब देख लिया हर शख़्स यहाँ हरजाई है
इस शहर से दूर इक कुटिया हमने बनाई है
और उस कुटिया के माथे पर लिखवाया है
सब माया है

दिल पीत की आग में जलता है

दिल पीत की आग में जलता है
हाँ जलता रहे इसे जलने दो
इस आग से लोगो दूर रहो
ठंडी न करो पंखा न झलो
हम रात दिना यूँही घुलते रहें
कोई पूछे कि हमको ना पूछे
कोई साजन हो या दुश्मन हो
तुम ज़िक्र किसी का मत छेड़ो
सब जान के सपने देखते हैं
सब जान के धोके खाते हैं
ये दीवाने सादा ही सही
पर इतने भी सादा हैं यारो ?
किस मीठी तपिश के मालिक हैं
ठिठुरी हुई आग के अँगियारे[1]

---

1. अंगारे

तुमने तो कभी सेंका ही नहीं
तुम क्या समझो तुम क्या जानो

दिल पीत की आग में जलता है
हाँ जलता रहे इसे जलने दो
इस आग से तुम तो दूर रहो
ठंडी न करो पंखा न झलो
हर महफ़िल में हम दोनों की
क्या-क्या नहिं बातें होती हैं
उन बातों का मफ़हूम[1] है क्या
तुम क्या समझो तुम क्या जानो
दिल चल के लबों तक आ न सका
लब खुल न सके ग़म जा न सका
अपना तो बस इतना क़िस्सा था
तुम अपनी सुनाओ अपनी कहो
वो शाम कहाँ वो रात कहाँ
वो वक़्त कहाँ वो बात कहाँ
जब मरते थे मरने न दिया
अब जीते हैं अब जीने दो

दिल पीत की आग में जलता है
हाँ जलता रहे इसे जलने दो
इस आग से इंशा दूर रहो
ठंडी न करो पंखा न झलो
लोगों की तो बातें सच्ची हैं
और दिल का भी कहना करना हुआ

---

1. भाव

पर बात हमारी मानो तो
या उनके बनो या अपने रहो
राही भी नहीं रहज़न भी नहीं
बिजली भी नहीं ख़िर्मन[1] भी नहीं
ऐसा भी भला होता है कहीं
तुम भी तो अजब दीवाने हो
इस खेल में हर बात अपनी कहाँ
जीत अपनी कहाँ मात अपनी कहाँ
या खेल से यक्सर उठ जाओ
या जाती बाज़ी जाने दो
दिल पीत की आग में जलता है

मत जाओ मत जाओ

मत जाओ मत जाओ
गोरी
मत जाओ मत जाओ

तुमसे जोत जगी थी मन में
जैसे चाँद से नील गगन में
जीवन के इस अंधे बन में
तुम थीं एक अलाव गोरी
मत जाओ मत जाओ

पीत-कतें--जाड़ें बरसातें
सूनी शामें लंबी रातें

---

1. खलिहान

अपने आप से करते बातें
होगा कहाँ निभ़ाव गोरी
मत जाओ मत जाओ

दिल वहशी दीवाना होगा
इसको भी समझाना होगा
ऐसा कौन बहाना होगा
अपने को समझाओ गोरी
मत जाओ मत जाओ

वादे छोड़ न जानेवाले
मरकर साथ निभानेवाले
झूठे जी बहलानेवाले
याद करो शरमाव[1] गोरी
मत जाओ मत जाओ

और तो सबके ठौर-ठिकाने
बस्तियाँ, बन, परबत, वीराने
इंशा जी भटकें दीवाने
ले के मन के घाव गोरी
मत जाओ मत जाओ

कब आए जाके दोबारा
पीतों का सुंदर बंजारा
इतना अच्छा इतना प्यारा
मत इसको भटकाओ गोरी
मत जाओ मत जाओ

---

1. अपना शरमाना

रेख़्ता

[1]

लोग हिलाले[1]-शाम से बढ़कर पल में माहे-तमाम[2] हुए
हम हर बुर्ज में घटते-घटते सुब्ह तलक गुमनाम हुए
उन लोगों की बात करो जो इश्क़ में ख़ुश-अंजाम हुए
नज्द[3] में क़ैस यहाँ पर 'इंशा' ख़्वार हुए नाकाम हुए
किसका चमकता चेहरा लाएँ किस सूरज से माँगें धूप
घोर अँधेरा छा जाता है ख़ल्वते-दिल में शाम हुए
एक से एक जुनूँ का मारा इस बस्ती में रहता है
एक हमीं हुशियार थे यारो एक हमीं बदनाम हुए
शौक़ की आग नफ़स की गर्मी घटते-घटते सर्द न हो?
चाह की राह दिखा के तुम तो वक़्फ़े-दरीचो-बाम हुए
उनसे बहारो-बाग़ की बातें करके जी को दुखाना क्या
जिनको एक ज़माना गुज़रा कुंजे-क़फ़स[4] में राम[5] हुए
इंशा साहब पौ फटती है तारे डूबे सुब्ह हुई
बात तुम्हारी मान के हम तो शब-भर बेआराम रहे

---

1. दूज का चाँद, 2. पूर्णचंद्र, 3. एक नगर का नाम, ज़हाँ मजनूँ रहता था, 4. पिंजड़े का कोना, 5. अधीन

[2]

दिल-सी चीज़ के गाहक होंगे दो या एक हज़ार के बीच
इंशा जी क्या माल लिए बैठे हो तुम बाज़ार के बीच
पीना-पिलाना ऐन गुनाह है, जी का लगाना ऐन हविस
आप की बातें सब सच्ची हैं लेकिन भरी बहार के बीच
ऐ सख़ियो[1] ऐ ख़ुशनज़रो इक गुना करम ख़ैरात करो
नाराज़नाँ[2] कुछ लोग फिरें हैं सुब्ह से शहरे-निगार[3] के बीच
ख़ारो-ख़सो-ख़ाशाक[4] तो जानें, एक तुझी को ख़बर न मिले
ऐ गुले ख़ूबी हम तो अबस[5] बदनाम हुए गुलज़ार के बीच
मिन्नते क़ासिद कौन उठाए, शिक्वए-दरबाँ कौन करे
नामए-शौक़[6] ग़ज़ल की सूरत[7] छपने को दो अख़बार के बीच

कबित (कवित्त)

[1]

जले तो जलाओ गोरी, पीत का अलाव गोरी
अभी न बुझाओ गोरी, अभी से बुझाओ ना।
पीत में बिजोग भी है, कामना का सोग भी है
पीत बुरा रोग भी है, लगे तो लगाओ ना।।
गेसुओं की नागिनों से, बैरिनों अभागिनों से
जोगिनों बिरागिनों से, खेलती ही जाओ ना।

---

1. दानियो 2. नारा लगानेवाले, 3. प्रेमिका का नगर, 4. काँटा, घास का तिनका, कूड़ा-करकट, 5. व्यर्थ, 6. अपने शौक़ का लिखित रूप, 7. तरह

आशिक़ों का हाल पूछो, करो तो ख़याल–पूछो
एक-दो सवाल पूछो, बात जो बढ़ाओ ना।।

[2]

रात को उदास देखें, चाँद का निरास देखें
तुम्हें न जो पास देखें, आओ पास आओ ना।
रूप-रंग मान दे दें, जी का ये मकान दे दें
कहो तुम्हें जान दे दें, माँग लो लजाओ ना।।
और भी हज़ार होंगे, जो कि दावेदार होंगे
आप पे निसार होंगे, कभी आज़माओ ना।
शे'र में 'नज़ीर' ठहरे, जोग में 'कबीर' ठहरे
कोई ये फ़क़ीर ठहरे, और जी लगाओ ना।।

तवील नज़्में
[लंबी कविताएँ]

यह बच्चा किसका बच्चा है?

(यह नज़्म एक सूखाग्रस्त, भूखे, मरियल बच्चे ने कवि से लिखवाई है)

[1]

यह बच्चा कैसा बच्चा है
यह बच्चा काला काला-सा
यह काला-सा मटियाला-सा
यह बच्चा भूखा भूखा-सा
यह बच्चा सूखा सूखा-सा
यह बच्चा किसका बच्चा है
यह बच्चा कैसा बच्चा है
जो रेत पे तन्हा बैठा- है
ना इसके पेट में रोटी है
ना इसके तन पर कपड़ा है
ना इसके सर पर टोपी है
ना इसके पैर में जूता है
ना इसके पास खिलौनों में
कोई भालू है कोई घोड़ा है
ना इसका जी बहलाने को
कोई लोरी है, कोई झूला है

ना इसकी जेब में धेला है
ना इसके हाथ में पैसा है
ना इसके अम्मी-अब्बू हैं
ना इसके आपा-ख़ाला हैं
यह सारे जग में तन्हा है
यह बच्चा कैसा बच्चा है

[2]

यह सहरा कैसा सहरा है
ना इस सहरा में बादल है
ना इस सहरा में बरखा है
ना इस सहरा में बाली है
ना इस सहरा में ख़ोशा[1] है
ना इस सहरा में सब्ज़ा है
ना इस सहरा में साया है

यह सहरा भूख का सहरा है
यह सहरा मौत का सहरा है

[3]

यह बच्चा कैसे बैठा है
यह बच्चा कब से बैठा है
यह बच्चा क्या कुछ पूछता है

1. अनाज का गुच्छा, बाली

यह बच्चा क्या कुछ कहता है
यह दुनिया कैसी दुनिया है
यह दुनिया किसकी दुनिया है

[4]

इस दुनिया के कुछ टुकड़ों में
कहीं फूल खिले कहीं सब्ज़ा है
कहीं बादल घिर-घिर आते हैं
कहीं चश्मा है कहीं दरिया है
कहीं ऊँचे महल अटरिया हैं
कहीं महाफ़िल है, कहीं मेला है
कहीं कपड़ों के बाज़ार सजे
यह रेशम है, यह दीबा[1] है
कहीं ग़ल्ले के अंबार लगे
सब गेहूँ धान मुहय्या है
कहीं दौलत के संदूक़ भरे
हाँ ताँबा, सोना, रूपा है
तुम जो माँगो सो हाज़िर है
तुम जो चाहो सो मिलता है
इस भूख के दुख की दुनिया में
यह कैसा सुख का सपना है?
वो किस धरती के टुकड़े हैं
यह किस दुनिया का हिस्सा है?

---

1. बारीक रेशमी कपड़ा

[5]

हम जिस आदम के बेटे
यह उस आदम का बेटा है
यह आदम एक ही आदम है
वह गोरा है या काला है
यह धरती एक ही धरती है
यह दुनिया एक ही दुनिया है
सब इक दाता के बंदे हैं
सब बंदों का इक दाता है
कुछ पूरब-पच्छिम फ़र्क़ नहीं
इस धरती पर हक़ सबका है

[6]

यह तन्हा बच्चा बेचारा
यह बच्चा जो यहाँ बैठा है
इस बच्चे की कहीं भूख मिटे
(क्या मुश्किल है, हो सकता है)
इस बच्चे को कहीं दूध मिले
(हाँ दूध यहाँ बहुतेरा है)
इस बच्चे का कोई तन ढाँके
(क्या कपड़ों का याँ तोड़ा[1] है?)
इस बच्चे को कोई गोद में ले
(इंसान जो अब तक जिंदा है)
फिर देखिए कैसा बच्चा है
यह कितना प्यारा बच्चा है!

---

1. अभाव

[7]

इस जग में सबकुछ रब का है
जो रब का है, वो सबका है
सब अपने हैं कोई ग़ैर नहीं
हर चीज़ में सबका साझा है
जो बढ़ता है, जो उगता है
वह दाना है या मेवा है
जो कपड़ा है, जो कंबल है
जो चाँदी है, जो सोना है
वह सारा है इस बच्चे का
जो तेरा है, जो मेरा है

यह बच्चा किसका बच्चा है?
यह बच्चा सबका बच्चा है

इंशा जी बहुत दिन बीत चुके

इंशा जी बहुत दिन बीत चुके
तुम तन्हा थे तुम तन्हा हो

ये जोग-बिजोग तो ठीक नहीं
ये रोग किसी का अच्छा हो?
कभी पूरब में कभी पच्छिम में
तुम पुरवा हो तुम पछुवा हो?

जो नगरी-नगरी भटकाए
ऐसा भी न मन में काँटा हो
क्या और सभी चोंचला यहाँ
क्या एक तुम्हीं यहाँ दुखिया हो
क्या एक तुम्हीं पर धूप कड़ी
जब सब पर सुख का साया हो
तुम किस जंगल का फूल मियाँ
तुम किस बगिया का बेला हो?
तुम किस सागर की लहर भला
तुम किस बादल की बरखा हो
तुम किस पूनम का उजियारा
किस अंधी रैन की ऊषा हो
तुम किन हाथों की मेंहदी हो
तुम किस माथे का टीका हो

क्यों शहर तजा क्यों जोग लिया
क्यों वहशी हो क्यों रुस्वा हो
हम जब देखें बहरूप नया
हम क्या जानें तुम क्या-क्या हो?

[2]

जब सूरज डूबे साँझ भए
और फैल रहा अँधियारा हो
किस साज़ की लय पर झनन-झनन
किस गीत का मुखड़ा जागा हो
इस ताल पे नाचते पेड़ों में

इक चुप-चुप बहती नदिया हो
हो चारों कोट सुगंध बसी
ज्यों जंगल पहना गजरा हो
यह अंबर के मुख का आँचल
इस आँचल का रंग ऊदा हो
इक गोट रुपहले तारों की
और बीच सुनहरा चंदा हो
इस सुंदर शीतल शांत समय
हाँ बोलो-बोलो, फिर क्या हो?
वह जिसका मिलना नामुमकिन
वह मिल जाए तो कैसा हो?

[3]

क्यों ऐसे सपने देखते हो
इंशा जी तुम आप भी सपना हो
इक बीती लिखते शाइर हो
इक गीत उगलती बीना हो
ये बातें मन में वह सोचे
जो क्या बतलाएँ कैसा हो?
वो जिसके हाथ में क़िस्मत की
इक लंबी गहरी रेखा हो
वो शख़्स पुराने क़िस्सों का
इक मदमाता शहज़ादा हो
जो शहर का रस्ता भूला हो
और जंगल में आ निकला हो
वो राजा काशी नगरी का

या वालिए-बल्ख़ो-बुख़ारा हो
कुछ उसके ताज पे कलग़ी हो
कुछ उसका चाँद-सा चेहरा हो
वो मालिक महल-अटरियों का
या रूपे-सोनेवाला हो
या कोई अनोखा गुनवाला
वो जिसका जग में चर्चा हो
या कोई सजीला बंजारा
जो नगरी-नगरी घूमा हो

[4]

हम नगरी-नगरी घूमे तो
जब निकले थे आवारा हो
वह लंदन हो वह पेरिस हो
वह बर्लिन हो वह रूमा हो
वह काबुल हो वह बाबुल हो
वह जावा हो वह लंका हो
वह साहिल सैनो-राइन हो
या साहते-नीलो-दजला हो
वह चीन का देश विशाल कहीं
या पच्छुम देस अमरीका हो
वह चोटी फ़यूजी यामा की
या आल्प्स का परबत ऊँचा हो
वह छतें गुलाबी लीडन की
या नीला आब जिनेवा हो
दिन इस्तंबूल की गलियों में

या शब की सैरे-प्राहा हो
कुछ सूरतें थीं कुछ मूरतें थीं
कुछ और भी शायद देखा हो
जहाँ नज़रें ठहरी-ठिठकी हों
जहाँ दिल का काँटा अटका हो
पर हमको तो कुछ याद नहीं
कुछ खोया हो कुछ पाया हो
इन बातों में इन घातों में
संजोग का कोई लम्हा हो
हम अपने जो ख़ुद आप नहीं
फिर बोलो कौन हमारा हो
यूँ समझो शहर-सराय में
शब-भर के लिए कोई उतरा हो
कोई परदेसी कोई सैलानी
वो जिसका दूर ठिकाना हो
शाम आए सवेरे कूच किया
जब धुँधला-धुँधला रस्ता हो
जब धरती सूनी-सूनी हो
जब अंबर फीका-फीका हो

[5]

इक आलम था क्या आलम था
वो सच्चा हो या झूठा हो
हम अपने आप में डूब गए
ख़ुद पत्थर बन ख़ुद दरिया हो
ज्यों घास का तिनका जंगल में

ज्यों आँधी में कोई पत्ता हो
हम किससे कहें, किस तौर कहें
कोई बात हमारी समझा हो!
हम उससे मिलें जो अपना हो
हम उससे कहें जो हम-सा हो

जब यह भी नहीं, जब वह भी नहीं
क्या बात बने, क्या रस्ता हो
इस ज़िंदाँ में कोई रौज़न हो
इस गुंबद में दरवाज़ा हो

[6]

ऐ जोगी, ऐ दरवेश कोई
क्यों उम्र गँवाए रमता हो
क्यों तन पर राख-भभूत मले
तू गोरखनाथ का चेला हो
ये पूरब-पच्छुम कुछ भी नहीं
ये जोग-बिजोग भी धोका हो
जो तुझसे जुदा सब माया है
पा अपने को गर पाना हो

क्यों और पे जी को रिझाता है
ये पीत की रीत तो फंदा हो
जो हारा जान से हार गया
जो जीता वह भी रुस्वा हो
धूनी न रमा, बिसराम न कर

बस अलख जगाकर चलता हो
तू अपना रह, तू अपना बन
तू इंशा है, तू इंशा हो।

अम्न का आख़िरी दिन

आज क्यों शाम के अख़बार की हर सुर्ख़ी में
एक इक लफ़्ज़ बुने जाता है उलझे हुए जाल
वसवसे[1] उमड़े चले आते हैं बादल-बादल
कुलबुलाते हैं पड़े ज़ह्न के गोशों में ख़याल
अब तो हर सत्र से आने लगी बारूद की बू
अब तो हर सफ़्हे[2] से बेखटक गुज़रता है मुहाल

बह्रे-शबख़ून[3] बढ़े आते हैं यादों के हुजूम
देखें क्या हाल बने सुब्ह के होते-होते
इतनी सोचें हैं कि पहले कभी सोची ही न थीं
इतने चेहरे हैं कि पहले कभी देखे ही न थे
अब तो काबूस[4] की सूरत हैं रगो-पै[5] ये मुहीत[6]
शाम तक वो जो सभी नक़्श थे धुँधले-धुँधले

अलिफ़ आँधी है कि मग़रिब से उठा चाहती है
अलिफ़ उम्मीद चिराग़े-तहे-दामाँ[7] है अभी
अलिफ़ एटम है ब-आग़ोश[8] हज़ाराँ[9] आशोब[10]
अलिफ़ आदम कि ब-ग़म चाक गरेबाँ है अभी

---

1. विचार, 2. पंक्ति, 3. रात में हत्या करना, 4. नींद की एक बीमारी, 5. नस-नस में, 6. घिरा हुआ, 7. दामन के नीचे का दिया, 8. गोद में, 9. हज़ारों, 10. दुःख

अलिफ़ इक अम्न कि जाँ दी थी तो पाया था उसे
अलिफ़ इक अश्क कि मिज़गाँ[1] पे फ़रोज़ाँ है अभी

बे वो बंदूक़ कि इक रोज़ कहीं सर होगी
बे वो बंबारों का झुरमुट है कि बढ़ता आए
कभी दहक़ाँ[2] के घरौंदे पे तो ख़िर्मन[3] पे कभी
बेअमाँ[4] बर्फ़ का कौंदा[5] ही पड़ा लहराए
क़रिये-क़िरये[6] से लपकती हुई लाटें उट्ठीं
बस्ती-बस्ती को शरारों से झुलसता जाए

पे है 'पेंशन' कि सिपाही को शुजाअत[7] के एवज़
एक पहलू में ठुमकती से बैसाखी दे जाए
पे वो 'पल्टन' है कि अड़कर सरे मैदाँ पहुँची
पे वो 'प्यारे' हैं कि मैदाँ से न वापस आए
ते वो 'तमग़ा' है कि बरसों की रियाज़त[8] से मिले
और किसी लाश की छाती पे चमकता रह जाए

टे किसी बाग़े-जवानी की लचकती 'टहनी'
बम के उड़ते हुए 'टुकड़ों' से है पारा-पारा
बूढ़े माँ-बाप की बरसों की दुआओं का समर[9]
'से' किसी अजनबी मैदान में दम तोड़ गया
लौटते क़दमों से गूँजेगी न घर की दहलीज़
आपका लख़्ते-जिगर मुल्क पे कुरबान हुआ

जीम वो 'जंग' का बाज़ार है जिसमें जाकर
इतनी सदियों में भी इंसान की क़ीमत न बढ़ी
चे वो 'चाँदी' है, वो चाँदी के चमकते सिक्के

1. पलक, 2. किसान 3. खलिहान, 4. अशांत, 5. कौंध, चमक, 6. गाँव-गाँव, 7. वीरता, 8. अभ्यास, 9. फल

जिससे दुनिया की हर इक चीज़ ख़रीदी न गई
फिर भी हर बीस बरस बाद वही सौदे हैं
वही ताजिर[1] हैं, वही जिंस[2] है क़ीमत भी वही

हे हिकायत[3] है कि होंठों पे अधूरी रह जाए
हे वो हसरत है कि सीने को बना ले मदफ़न[4]
ख़े ख़यालात का रेला है कि यकसर[5] रुक जाए
दब के रह जाय जो 'ख़ंदक' के 'ख़लाओं' में बदन
टैंक कर देंगे हर इक ढेर को आकर हमवार
बेनिशाँ क़ब्रों पे उग आएँगे दो साल में बन

दाल है 'दर्द' से लबरेज़ दिलों की धरती
डाल है 'डोलता सीना' कभी ढलका आँसू
ज़ाल है 'ज़िक्र' किसी दोस्त का वो ज़िक्रे-जमील[6]
हाय किन रफ़्ता बहारों[7] के गुलों की ख़ुशबू
आज लाशों के तअफ़्फ़ुन[8] में दबी जाती है
सर्द संगीनों के ज़ख़्मों से उबलता है लहू

रे वही 'रेल' की सीटी वही 'राना'[9] चेहरा
रे वही 'रात' वही उसके भयानक सपने
चौंककर कौन ये बिस्तर से यकायक उट्ठा
"मेरे बच्चे को ख़ुदावंद सलामत रक्खे"
एक तारा कहीं टूटा था कहीं डूब गया
डाकिया आएगा दो रोज़ में इक तार लिए

ज़े है वो 'ज़हर' कि फिर रूह में घुल जाएगा
ज़े है वो 'ज़ख़्म' की लाता है ख़बर दिल तक की

---

1. व्यापारी, 2. वस्तु, 3. बात, 4. दफ़न होने की जगह, 5. अचानक, 6. नेक व्यक्ति का ज़िक्र, 7. गुज़रे हुए बसंत, 8. बदबू, 9. खुशनुमा

अब भी बस्ती में बड़े पीर[1] का मेला होगा
लहलहाते हुए खेतों में बहार आएगी
पर न इन राहों से लौटेगा (वो) बंसीवाला
अब चरागाह में गूँजेंगी न तानें उसकी

सीन 'सेहरा' किसी दूल्हा का किसी 'सेज' के फूल
सीन जलता हुआ 'सीसा' किसी 'संगीन' की धार
सीन 'साहिर'[2] हैं सियासत के कि घर में बैठे
अपने ज़ानू पे लिए सुब्ह के सारे अख़बार
सोचा करते हैं ये पढ़ते हुए ताज़ा ख़बरें
रूई के भाव में होता है चढ़ाव कि उतार

अपने इस शहर से हैं दूर वो मैदाँ जिनमें
शीन 'शोला' है कि बारूद का सीना चाटे
किसी मस्जिद का मिनारा[3] किसी स्कूल की छत
इक धमाके में सुलगता हुआ मलबा बन जाए
कोई खेती कोई करख़ाना कोई पुल कोई रेल
एक दुनिया है कि बरसों में बनाए न बने

स्वाद वह 'सुब्ह' कि हर ज़ह्न में पिहनाई[4] में
लाके बो देती है नादीदा[5] 'सलीबों' की क़तार
ज़्वाद ख़बरों के 'ज़मीमों'[6] का वो उगला हुआ ज़ह्र
जिससे कुछ और ही बढ़ जाता है वहशत का फ़शार[7]
नाचने लगते हैं बेताबी से फ़ह्रे-सुतूँ[8] के नाम
आँखें बन जाती हैं रोके हुए अश्कों के मज़ार

---

1. हज़रत ग़ौस, 2. जादूगर, 3. मीनार, 4. व्यापकता, 5. न देखे गए, 6. संकलन, 7. ऐंठन (मूल अर्थ है निचोड़ना), 8. ग़फ़लत की नींद सोए हुए खंभे

तोय 'तबरूक़' का सहरा है जहाँ से अब भी
अपने ग़मगुश्ता[1] अज़ीज़ों की सदा आती है
इस जगह फ़त्ह की ख़बरें हैं न जलसे न जुलूस
एक सरसर[2] है गुज़र जाती है
इस्तख़्वानों[3] से भला किसको मुहब्बत होगी
याँ कोई दोस्त न हमदम न मुलाक़ाती है
ज़ोय[4] ज़ुल्मात[5] का दरिया है कि तूफ़ान बदोश
आस की नन्हीं-सी कश्ती को डुबोने आए
और जब ज़ुल्म की मीयाद के दिन और बढ़ें
ऐन वो इशरते-फ़र्दा[6] है कि 'अनक़ा[7]' हो जाए
ग़ैन वो 'ग़म' है कि जानाँ से न दौराँ[8] से है ख़ास
दिल मगर उसकी कसक से न सँभलने पाए

फ़े है वो 'फ़त्ह' कि कुछ ले तो गई दे न सकी
फ़े है 'फ़र्दा'[9] कि छलावे का छलावा ही रहा
क़ाफ़ 'क़रिया'[10] है कि इतना भी न वीराँ था कभी
अब न चूल्हों से धुआँ उठता है नीला-नीला
और न वो खेत न वो फ़सलें न वो रखवाले
एक इक गाँव के चौपाल में उल्लू बोला
काफ़ नैनों के 'कमल' काफ़ किताबी चेहरा
काफ़ 'काकुल' है कि ख़ुशबू में बसी रहती थी
और जब दूर के देसों से सिपाही आए
काफ़ 'करगस'[11] ने खुले खेत ये बाज़ी जीती
कोरिया कितने ख़राबों[12] का पता देता है
ये जगह शहर थी ये गाँव था ये बस्ती थी

---

1. ग़म में डूबे हुए, 2. आँधी, 3. तक्लीफ़ बरदाश्त करना, 4. उर्दू अक्षर 'ज़ो', 5. अँधेरा, 6. आनेवाले कल की ख़ुशी, 7. एक कल्पित पक्षी, 8. आसमान की गर्दिश, 9. आनेवाला कल, 10. गाँव, 11. गिद्ध, 12. खंडहर

गाफ़ गाती हुई 'गोली' है कि 'गन' से निकले
किसी 'गुमनाम' सिपाही का निशाना बाँधे
एक साया किसी खाई में तड़पता रह जाए
अपनी बरसों की तमन्नाओं को सीने में लिए
गाफ़ 'गबरू'[1] हैं कि बाईस बहारों में पले
लाम 'लाशा' है कि दो रोज़ के अंदर सड़ जाए
मीम 'महबूब' का आग़ोश भी है 'मौत' भी है
एक ही वक़्त में मुमकिन नहीं दोनों से निभाव
नू 'नदी' का मधुर नग़मा भी नैपाम[2] भी है
अब इसे दोस्त बनाओ कि उसे दोस्त बनाओ
ज़ीस्त[3] और मौत में मुश्किल नहीं जानिबदारी[4]
सीधी बातों को दलीलों के लबादे न पिन्हाओ

वाव है 'वक़्त' कि हाथों से है निकला जाता
वाहमे[5] देते हैं आकर दरे-दिल पर दस्तक
फ़ाख़्ता कितनी भी तैयारो-सुबुक-सेर[6] सही
सैकड़ों कोस हैं बंबार की रफ़्तार तलक
अमन के गीत की लय तेज़ करो तेज़ करो
साहिले-दूर[7] से आने लगी तोपों की धमक

हे वो 'हीरो' हैं कि फिर निकले हैं छैले बनकर
बस्ती-बस्ती को 'हिरोशिमा' बनाने के लिए
ये वो 'यादें' हैं कि धुँधलाएँ न मिटने पाएँ
और हम जंग की दहलीज़ पे फिर आ निकले
ये वो 'यूसुफ़' कि ख़ुदा को भी न सौंपे जाएँ
फिर उन्हीं अजनबी मैदानों का रस्ता लेंगे

---

1. युवक, 2. नापाम बम (इस ज़हरीले बम का प्रयोग प्रथम विश्वयुद्ध में हुआ था), 3. ज़िंदगी, 4. रिश्ता, 5. भ्रम उत्पन्न करनेवाली शक्तियाँ, 6. तेज़ उड़नेवाला, नाज़ुक और तृप्त, 7. दूर का किनारा

आसमाँ तीराओ-तारीक[1] हैं, तारे मग़मूम[2]
चाँद बादल से निकलते हुए घबराता है
शम्मे-उम्मीद की लौ काँप रही है कब से
दिल धुआँधार घटाओं में दबा जाता है
लो किसी दूर के गिरजा में वो घड़ियाल बजा
क़ाफ़िला सुब्ह का आता है—कहाँ आता है?

—1952

उफ़ताद*

(कौन सितारे छू सकता है, राह में साँस उखड़ जाती है)

—अख़्तरुल ईमान

[1]

निगाहों की दूरी की दुश्वार मंज़िल में
तुम आज से दूरतर हो गए हो
शबे-हिज्र को अव्वलीं मंज़िलों से
गुरेज़ाँ[3] मिसाले-सहर हो गए हो
तुम्हें ज़ीस्त[4] के मोड़ पे आके मिलने
के वादे की मीयाद तो आ चुकी है
मगर अब तो कुछ पाँव थक-से चले

---

1. धुँधले और अँधेरे, 2. उदास, * विपत्ति, 3. भागनेवाले, 4. ज़िंदगी

दूर की बाट है शाम धुँधला चुकी है
वो उत्तर के मुल्कों से कूँजें रुपहली
मुसलसल[1]-मुसलसल चली आ रही हैं
वो पच्छुम से उमड़े अँधेरे की
परछाइयाँ सुरमई पंख फैला रही हैं
वो पूरब में मिमियाती भेड़ों के गल्ले[2]
के बाड़े के पहलू में दहका अलाव
मगर काले कोसों की दुश्वार मंज़िल
कहे जा रही है, 'अभी लौट जाव'
सुबुक चाँद ने सुरमई शाम की
भारी चिलमन को सरका के चेहरा दिखाया
उदासी के गिरदाब[3] के दायरे
और गहरे हुए जाने क्या याद आया
फ़ज़ाओं में कुछ जानी-पहचानी शक्लें
हवेलों[4] की सूरत कहीं तैर आईं
किसी ने सरे-सुब्ह ड्योढ़ी पे आकर
गई शब की नाशाद[5] ख़बरें सुनाईं
बईं[6] चाके-दामाँ भी कनआँ[7] के यूसुफ़
सनद बेगुनाही की क्या-क्या न लाए
मगर क़िलए-मिस्र के ऊँचे बुर्जों
को ज़िनहार[8]-ज़िनहार झुकना न आए
ये हाली[9] के बैलों की जोड़ी के घुँघरू
झनाझन-झनाझन बजे जा रहे हैं
ये यादों की वीरान राहों से फिर
दोस्तों के वही क़ाफ़िले आ रहे हैं

1. निरंतर, 2. रेवड़, 3. भँवर, 4. एक प्रकार की विशालकाय मछली, 5. दु:खद, 6. उसके साथ, 7. एक शहर का नाम—कनआन, 8. हरगिज़, 9. हलवाहा

शबे-माह[1] में घूमते-घामते
शेर सुनते-सुनाते सहर करनेवाले
वो सरमस्तो[2]-आवारा-अहबाब[3] अपने
वो सपनों के लोभी उमंगों के पाले
किसी साहिले-बह्रे-जख़्ख़ार[4] की
सीपियाँ चुनते-चुनते कहाँ खो गए हैं
कि उनकी जबीनों[5] के रौशन चराग़ाँ
की यादों के शोले भी मद्धिम हुए हैं
अरे ऊँचे-ऊँचे हरमियों[6] के ऊपर से
परवाज़ करते परिंदों की डारो[7]
सुनो तो सही कोई दम को हमें
साथ ले जाओ उन दोस्तों में उतारो
मगर गाँव के झोंपड़ों का धुआँ
जिसमें रंगे-शफ़क़[8] थोड़ा सँवला रहा है
निगाहों की दूरी के परदे की मानिंद
दीवारे-मोहकम[9] बना जा रहा है

[2]

मेरे दिल के रौशन झरोखे से झाँका
है फिर एक मासूमों-शादाब[10] चेहरा
तसव्वुर मुझे तेरे महजूर[11] जलवों का
ख़ामोश पैग़ाम देता रहेगा

---

1. चाँदनी रात, 2. नशे में चूर, 3. मित्रगण, 4. ऊँची-ऊँची तरंगोंवाले समुद्र के किनारे, 5. माथों, 6. बुर्जियों, 7. झुंड, 8. सायंकालीन लालिमा (प्रातः कालीन लालिमा को भी शफ़क़ ही कहते हैं), 9. मज़बूत, 10. खिला हुआ, 11. निषिद्ध

इसे अपने वहशत की उफ़ताद[1] समझें
कि पिंदारे[2]-मजबूर की बेनियाज़ी
बहुत दिन बिसाते-जहाँ पर रहे पर
ये नरदें[3] न छूईं ये खेली न बाज़ी
रफ़ीक़ों[4] ने अपने मसाफ़े-जहाँ[5] में
विलायात[6] जीती हैं मैदान मारे
मगर हम तो उनसे बिछुड़ के लड़ाई के
पहले ही मैदाँ में अपने से हारे
कोई आशना आशना-सी ख़लिश फिर भी
मजबूर करती है बोलो न बोलो
कहीं से बुए-दोस्त[7] आने लगी है
ज़रा मन की ड्योढ़ी की कुंडी तो खोलो

बहुत रोज़ की बात है सर्द रातों में
अंधे चिराग़ों के साए में लेटे
किताबों के क़िस्सों के जिन्नों से दुनिया-
ज़माने के असरार[8] पूछे थे हमने
सुना था हमारी ही रह[9] तक रही हैं
नछत्तर[10] की परियाँ सरापे[11] सँवारे
मगर कोई अपने बुलाए न बोला
बहुत नाम ले-ले के हम तो पुकारे
किसी ख़िज़्रे-फ़रख़ंदा[12] सूरत ने हमको
न ज़म्बील[13] बख़्शी न जादू दिखाया
हमें तो ज़माने के कोहे-निदा[14] से
यही एक पैग़ाम सुनने में आया—

---

1. विपत्ति, 2. समझ, 3. शतरंज की तरह का एक खेल, 4. साथियों, 5. संसार की पंक्ति, 6. बादशाहतें, 7. मित्र का आभास, 8. रहस्य, 9. रास्ता, 10. नक्षत्र 11. नखशिख, 12. मुबारक पैग़ंबर (ख़िज़्र नाम के एक पैग़ंबर हुए हैं), 13. फ़क़ीरों की झोली, 14. आवाज़ों का पहाड़

"न सीने से आहों के बादल उठाओ
न आँखों से अश्कों के ख़ोशे[1] उगाओ
जो मेहनत करो उसकी उजरत भी माँगो
जो खेती को जोता है रोटी भी खाओ"

मगर आनेवाले ज़माने के मर्लिन[2]
जो आए तो बासद करामात[3] आए
पुराने सहीफ़ों[4] के एहकामे-अशरा[5]
को मंसूख़[6] करके नए हुक्म लाए
किताबों के पेजीदा लफ़ज़ों का जादू
भी धरती के बेटों के सर चढ़ के बोला
नए हादियों[7] ने नए मिम्बरों[8] से
नए आदमी पर नया भेद खोला–
"सरे-ताक़[9] चर्ख़े-चहारुम[10] के ऊपर
दबीरे-अज़ल[11] के नविश्ते[12] धरे हैं
कि जिनमें बशर के मुक़द्दर के
एराबो-औक़ाफ़[13] तक मुरतसिम[14] हो चुके हैं
जो छोटा है तहक़ीक़[15] छोटा रहेगा
बड़े ही के मक़सूम[16] में है बुराई
ये कावा[17] है बाग़ी अबूज़र[18] फ़सादी
ये मज़्दक[19] है काफ़िर ये लेनिन क़साई"

---

1. बालियाँ, 2. किंग आर्थर के दरबार का जादूगर, जो खलनायक के रूप में जाना जाता है, 3. सैकड़ों चमत्कारों के साथ, 4. किताबों, 5. दस आदेशों, 6. निरस्त, 7. सीधा रास्ता दिखानेवालों, 8. मंचों, 9. ताक़ पर, 10. चौथे आसमान, 11. अनादि काल के कातिबों (लिखनेवालों), 12. आलेख, 13. लिखावट एवं वक़्फ़ की हुई चीज़ें, 14. अंकित, 15. निरीक्षण, 16. विभाजन, 17. ईरान का एक लुहार, जिसने अत्याचारी बादशाह ज़हाक के प्रति उठे हुए विद्रोह में अपनी महत्त्वपूर्ण भूमिका अदा की थी, 18. ह. मुहम्मद के मित्र, जो व्यक्तिगत संपत्ति के विरोधी थे, 19. इसने एक नया धर्म चलाया, जिसके कारण नौशेरवा ने इसे क़त्ल करा दिया था

[3]

उजाले के मन्नाद[1] सूरज की रफ़्तार
तारों से या कहकशाँ से छुपी है
तो फिर आज की शाम क्यों आनेवाले
सवेरे के वादों को भूली हुई है
उजाले अँधेरे के तन्नाज़[2] तागे
तिलस्मात क्या-क्या बुने जा रहे हैं
नए बंदीख़ानों की बाड़ों के काँटों में
वहशी ख़यालों को उलझा रहे हैं
युँही शब के पहले पहर के मुसाफ़िर
बहरगाम[3] ताज़ा ग़ज़ल गानेवाले
सलासिल[4] के लोहे की संगीं[5] सलाबत[6] को
शबीस्ताँ[7] पे पिघलानेवाले
ज़माने ने गेली[8] ग़ुलामों से अब तक
हज़ारों बरस फ़ासला तय किया है
हर इक गाम पर ये मुसाफ़िर ने देखा
कोई बेस्टिल[9] राह रोके खड़ा है
ज़मीं-ज़ादगाँ[10] पर ज़मीं-ज़ादगाँ ने
कभी तीर छोड़ा कभी दाम[11] फेंका
कभी शह्रो-क़रिया को बिल्सन[12] बनाया
कभी किश्तो-गुलशनद[13] पे नैपाम[14] फेंका
कभी अपने तर्रार[15] बंबार भेजे

---

1. उद्घोष, 2. शोख़, 3. रास्ते के लिए, 4. बेड़ी, 5. पत्थर की तरह, 6. सख़्ती, 7. शयनागार, 8. ग़ुलामों की एक क़िस्म (GALLEY), 9. फ्रांस का मशहूर क़ैदख़ाना जो फ्रांस की क्रांति में टूटा (BASTIUE), 10. पृथ्वीपुत्रों, 11. फंदा, 12. नाज़ियों का मशहूर बंदी कैंप, 13. खेत और फुलवारी, 14. बम, 15. तेज़

कभी अपनी जर्रार[1] फ़ौजें बढ़ाईं
कभी टैंक-दर-टैंक चढ़ आए ज़ालिम
मगर ऐसे हक़ बात रुकती है साईं?
किसी ने कहा अब उड़न छतरियों से
क़लम के जियाले[2] सिपाही उतारो
चलो, चलके मतलब के मैदान देखो
चलो, कच्चे ज़ह्नों पे शबख़ून[3] मारो
फ़साने-नवो[4] यह नया आदमी
ग़ासिबों[5] के है खुल खेलने का बहाना
किसी ने बहायम[6] के बाड़े का बासी[7]
किसी ने ख़ुदावंदे-नाकाम[8] जाना

नया आदमी बूढ़े आदम का बेटा
कहाँ तक भला ख़ुद को हैरान करता
सरे-बामे-चर्खे-चहारुम भी पहुँचा
सरे-बाले-जिब्रील[9] तैरान[10] करता
असीरे-अज़ल[11] ने दबीरे-अज़ल[12] के
नविश्तों[13] की महफ़ूज़ तहरीर बदली
ये बेबाको-गुस्ताख़ो-काफ़िर तो ठहरा
मगर अर्ज़े-असफ़ल[14] की तक़दीर बदली
कभी ह्वांगहो[15] के ख़रोशा[16] बहाव
के तस्ख़ीर[17] करने को पुश्ते[18] बनाए

---

1. बड़ा लश्कर, 2. प्यारे वीर, 3. रात की हत्याएँ, छापामार युद्ध, 4. फ़सानों की नाफ़रमानी करनेवाला, 5. लुटेरों, 6. जानवरों, 7. जार्ज आर्वेल की पुस्तक 'एनिमल फ़ार्म', 8. केरासमीन का संकलन 'गाड बेट फ़ील्ड', 9. जिब्रील नामक फ़रिश्ते के पंखों पर, 10. उड़ान, 11. अनादि काल के बंदी, 12. अनादि काल के कातिब, 13. आलेखों, 14. दोज़ख़ का सबसे निचला (सातवाँ) तबक़ा, 15. चीन की एक नदी, 16. शोर करते हुए, 17. लुभाना, 18. बाँध, टीले

कभी आमू दरिया की पिन्हाई चीरे
तो दश्तों[1] को फ़सलों के मुज़्दे[2] सुनाए
मिलों की मशीनों के जाए[3] ये मज़दूर
धरती के खेतों के बेटे ये हाली[4]
हुए ताशक़ंदो-बुख़ारा के सुल्ताँ
बने कैंटन[5] और मकडन[6] के वाली

[4]

हमें भी हविस[7] थी कि आदर्श के महल
ऐसे बनाएँ कि ढाए न जाएँ
सरे-इश्क़ में बेस्तूँ[8] कोई काटे
जुनूँ को किसी नज्द[9] में आज़माएँ
किसी बहर में लेके निकलें सफ़ीना
तो पिन्हाये-पाताल तक घूम आएँ
वो हीरों के वादी वो मूँगों के टापू
कहाँ हैं चलो हिम्मतें आज़माएँ
जो कंगाल हैं उनको धरती की दौलत
इनायत करें मसनदों पर बिठाएँ
जो मज़दूर हैं उनको मेहनत का हासिल[10]
जो दहक़ान[11] हैं उनको खेती दिलाएँ
जो नाकाम हों तो ग़ुज़लख़्वाँ[12] ग़ज़लख़्वाँ
बढ़ें बहरे-पादाश[13] बेख़ौफ़ होकर

---

1. जंगलों, 2. ख़ुशख़बरी, 3. पैदा किए गए, 4. हलवाहा, 5. कैंटन = चीन का एक नगर, 6. मकडन = मक़दूनिया, 7. इच्छा, 8. बेसतून = ईरान का वह पहाड़ जिसे फ़रहाद ने दूध की नहर निकालने के लिए (शीरीं के इश्क़ में) काटा था, 9. मजनूँ का नगर, 10. प्राप्ति, 11. किसान, 12. ग़ज़ल गाते हुए, 13. अच्छाई या बुराई के फल रूपी समुद्र

मरें तो मरें मिस्ले गिब्रेलपेरी[1]
जिएँ तो जहाँ में दिमित्रोफ़[2] होकर

मगर दोस्तो, दोस्तो, दोस्तो!
हम जहाँ से चले थे अभी तक वहीं हैं
वो आदर्श के महल तो ढा चुके
उनके खंडरात[3] में ग़ोल बन के मकीं[4] हैं
वो पहले-सा वहशत का आलम कहाँ है
अभी से ये महसूस होने लगा है
उफ़ुक़[5] से उफ़ुक़ तक बड़ी मंज़िलें हैं
कराँ[6] से कराँ तक बड़ा फ़ासला है
बहुत जी में आती है यारों से कह दें
"हमें भी पुकारो हमें भी बुलाओ"
मगर काले कोसों की दुश्वार मंज़िल
कहे जा रही है, "अभी लौट जाओ"
गदाई[7] में हम शहरे-कनआँ[8] के सख़ियों[9]
के महलों के दीवारो-दर चूम आए
जो सच पूछो इसमें बड़ी आफ़ियत[10] है
मगर क़िलए-मिस्र को कौन ढाए

हमीं गर्द बनकर पसे-कारवाँ[11]
धुँधले-धुँधले से क़दमों पे जमते रहेंगे
हमीं रास्ते के हर इक मोड़ पर
इक न इक उज़्र पर यूँ ही थमते रहेंगे
मगर दूर की मंज़िलों की ये राहें

---

1. फ्रांस का एक क्रांतिकारी जो नाज़ियों के हाथों शहीद हुआ, 2. मुक़दमा आतिश राइशटाग़ का हीरो (अंतर्राष्ट्रीय ख्याति के बुलगारियावासी कम्युनिस्ट), 3. खडंहरों, 4. बसे हुए, 5. क्षितिज, 6. छोर, 7. याचकत्व, 8. यूसुफ़ का नगर, 9. दानियों 10. आराम, 11. कारवाँ के पीछे.

तो वीरान अब तक हुई हैं न होंगी
जरी[1] शहसवारों के घोड़ों की टापों से
अनजान अब तक हुई हैं न होंगी
समझते हैं हम आनेवाला ज़माना
तुम्हारा है लोगो हमारा नहीं है
मगर अपने पॉव--कि थक-से गए
इनमें और आगे बढ़ने का चारा[2] नहीं है
यही रास्ता है रुके तो गए--
रात लंबी हो या बाट लंबी हो 'जाव'
वो पूरब में मिमियाती भेड़ों के गल्ले[3]
के बाड़े के पहलू में दहका अलाव!

•••

---

1. बहादुर, 2. शक्ति, 3. रेवड़